敬畏千年 房山石经

纪念房山石经刊刻与云居寺创建1400周年

房山雲居寺画册

方志出版社

雲居寺
入口
Entrance

编辑说明

房山云居寺始建于隋末唐初，僧人静琬等为维护正法刻经于石并藏于山中。后历代高僧大德继其志，刻石经藏于山洞或地宫，云居寺石经成为我国现存规模最大的石刻大藏经。云居寺石经是世界文化史上罕见的壮举，被誉为“北京的敦煌”“世界之最”。千年刻经，使寺院历代香火盛传，成为著名的佛教圣地。随着对云居寺景区的不断建设，自然风光与佛教相得益彰，成为人们休闲度假之佳地，为让更多的人了解云居寺，房山区史志办公室与房山云居寺文物管理处联合编辑了《房山云居寺画册》。画册分佛教圣地、寺院殿宇、石经沧桑、塔林风雨、碑刻传奇、佛教圣物、佛事活动七个部分，对寺院历史、殿宇建筑、石经保存、古塔风采、历代碑刻、佛舍利等进行了全面的介绍。照片根据需要采用老旧与新拍相结合的原则，全方位多角度诠释云居寺的前世今生。

目录

佛教圣地

云居寺坐西朝东，四面环山。寺东约1.5公里处为白带山，山上常有白云如带，萦绕山腰，故称白带山。山上盛产莎题草，古代亦名莎题山。隋唐时此山为涿郡所辖之地，又被称为涿鹿山。山上洞中储藏千年石经，人们又称其为石经山。白带山峰青水秀，山顶突出五峰，称五台，峰峦形状奇特，每座山峰均曾建有石浮图，俨若天竺，僧人以之比拟古印度天竺圣地，亦俗称小西天，今仅存石浮图两座。云居寺寺南，分布有宝瓶山、龟山和牛山。寺西为后主山，又称象山。云居寺地形为北、西高南、东低，平均海拔200米。寺院前有杖引泉河，此河发源于寺北水头村，南流出石门村向东，进入长沟与胡良河汇合，南流注入北拒马河。明代，河上建青石桥一座，四墩五孔，名断龙桥，又称款龙桥。

云居寺因经而寺，寺以经贵。云居寺建筑，始于白带山。云居寺创建之后，几度兴废。唐贞观五年（631年），在山上建造佛堂、僧舍等房屋，称为云居寺，以寺周围常有云雾缭绕得名。随刻经事业发展，静琬在白带山下再修寺院。山上建筑则称为云居寺上寺，山下建筑称为云居寺下寺。辽金以后，下寺之东，又建寺庙，逐步形成中云居寺、东云居寺、西云居寺的格局。因寺院均处于白带山周围沟峪中，云居寺的寺院也分别被称为中峪寺、东峪寺、西峪寺。清代，中云居寺成为云居寺塔院。又因寺院分布于白带山周围地域，清康熙年后，云居寺的寺院还分别被称为中域寺、东域寺、西域寺。清代后期，东云居寺荒废，只留有西云居寺香火繁盛，云居寺之名遂被西云居寺独享。清末民初，云居寺拥有南、中、北三路建筑，形成五层院落、六进殿宇、佛塔林立、碑廊满目的规模宏大寺院。云居寺院之外，还有香树庵、东域寺等别院及塔院。

1937年“七七事变”后，侵华日军攻占房山地区，云居寺屡遭兵匪之祸，日本飞机在对抗日根据地的扫荡中，多次轰炸云居寺，将云居寺焚毁，将云居寺文物洗劫。千年古刹云居寺成为一片废墟。

新中国成立后，20世纪80年代至90年代，国家、北京市、房山区均投资对云居寺进行大规模修复建设。至1999年，云居寺三路建筑、五层院落、六进殿宇以及行宫等修葺竣工，总建筑面积8000多平方米。殿堂建筑均为红色圆柱，覆盆式柱础，千年古刹焕发新的光彩。2010年底，云居寺建设控制地带约7平方公里，以云居寺、石经山为核心的保护范围2平方公里。云居寺占地面积29.40万平方米。其中，云居寺寺院面积7.70万平方米，石经山面积21.70万平方米。

● 云居寺旧影（德国女摄影家赫达·莫里逊拍摄于1933年至1946年间）

云居寺位于白带山麓，北京市房山区大石窝镇水头村南，据溥儒《白带山志》载，此乃“燕赵之野，西连三晋，峰峦重叠，绵亘迴合，绝壁迎云，层岩挂月，南尽于拒马、胡良之水，而一峰之上，一邱之中，隐者居焉。”

云居寺全貌（拍摄于1920年前后）

● **云居寺俯视图**（《亚东》杂志社社长樱井一郎摄于1927年）

● **云居寺寺前旧影**（法国人普意雅拍摄于1901年至1923年间）

云居寺远景（选自《房山风景》，京汉铁路局调查科编辑，1915年5月出版）

● **西域云居禅林**（选自《房山风景》，京汉铁路局调查科编辑，1915年5月出版）

● 侵华日军轰炸后的云居寺山门遗迹（拍摄于20世纪80年代初）

云居寺全貌（拍摄于2015年4月）

● 寺前绿化带

● 寺前随缘亭

● 寺前问禅亭（均拍摄于2015年4月）

云居寺前的杖引泉河（拍摄于2015年4月）

款龙桥旧影（选自《房山风景》，京汉铁路局调查科编辑，1915年5月出版）

款龙桥（拍摄于2015年4月）

云居寺山门前（拍摄于2015年4月）

寺前风光（拍摄于2012年至2013年）

● 春光

● 夏影

● 秋色

● 冬景

冬日古寺披银装（拍摄于2012年）

● 寺前文化广场上的静琬雕像（拍摄于2013年4月）

● **石经山远眺**（拍摄于2015年4月）

石经山一角（拍摄于2015年4月）

石经山一角旧影（拍摄于1925年至1931年间，邓之诚收藏）

《长安客话》中曰："石经山，峰峦秀拔，俨若天竺，因谓之小西天。"石经山除9个藏经洞外，山顶有五台，每座台上曾有一座唐塔，今仅存2座。在石经山众多的景观中还有朝阳洞、石佛洞等多处洞穴，并且有绵羊石、见春亭、唐僧殿等历史遗迹。

● **石经山古道**（拍摄于2012年秋）

石经山的古道开凿于隋大业年间，已有1400年的历史。先人曾运送过无数经版。古道大部分是在山体岩石上开凿而成。每级台阶都留下了先人们不朽足迹。拾级而上，就能切身领悟锲而不舍的“房山石经精神”。

● **施茶亭正殿**（拍摄于2015年4月）

施茶亭，建于唐代，位于石经山半山处，此处建有义饭厅，僧人在此施茶招待。明代，众人捐资在殿的两旁建茶房六间。1985年，在废墟上重修，建正殿三间、耳房两间、门楼、院墙等。

● **施茶亭外山门**（拍摄于2015年4月）

施茶亭全景（拍摄于2012年）

施茶亭院门（拍摄于2015年4月）

● **圣水井（一）**（拍摄于2007年）

在石经山山腰路旁的山崖下，有一泉，名半山泉，又称圣水井，也被称为神井，井深10米，水质甘霖。义饭厅、施茶亭用水，皆取于此井。20世纪80年代末，此井重修，制作有雕龙图纹井圈、井盖。

● **圣水井（二）**（拍摄于2015年4月）

● **见春亭遗迹**（拍摄于2015年4月）

● **见春亭旧影**（法国人普意雅拍摄于1901年至1923年间）

石经山藏经洞前台地上原有一亭，名见春亭，也称观景亭、望秀亭。亭上有清乾隆帝御笔“见春亭”匾额。亭以8根石柱支撑，呈八角状，又称其为八角亭。建于何时不详，民国初期尚存，新中国成立前已毁。今见春亭的8根石柱还立有7根，其中1根为半截。

石经山东峰，石经山上寺遗址（蒋维乔拍摄于1919年6月）

● **石经山佛头石**（拍摄于2015年4月）

● **佛头石远景**（拍摄于2015年4月）

● 石经山雷音洞前的钟楼及藏经洞（拍摄于1925年至1931年间，邓之诚收藏）

石经山浮雕佛像（拍摄于2015年4月）

此两尊佛像位于第7洞东侧，为释迦牟尼佛和多宝佛摩崖石刻造像，刻于唐代，人物丰满，线条流畅。

● **石经山上古井**（蒋维乔拍摄于1919年6月）

唐代，石经山刻经僧人、工匠众多，为解决用水问题，在山上开凿石井，汇聚泉水、雨水备用。唐大中年间（847—860年），在雷音洞北山崖的岩石平台南北两端，各凿一井。岩石平台南北长约10米，东西宽5米。南侧井直径2.5米，深6米；北侧井直径1.66米，深5.33米。两口井是北京地区现存最古老、直径最大的凿石古井。

● 石经山东崖壁下石井（拍摄于1925年至1931年，邓之诚收藏）

● **古刹香树庵**（蒋维乔拍摄于1919年6月）

● **香树庵旧影**（拍摄于1925年至1931年间，邓之诚收藏）

香树庵，因庵内香椿树众多得名。位于大石窝镇水头村，云居寺北侧卧虎山脚，原建于唐代，是梦堂大师居住之地，称梦堂庵，属云居寺别所。

香树庵明万历年前废，卖给私人郭公所有。明万历二十年（1592年），僧人达观真可捐钵费赎回，重修香树庵。后明神宗之母慈圣皇太后及黄、王二太史捐资，恢复旧观。数十年后，香树庵继传僧人石壁，其偷卖掉粮田，弃庵而逃，庵即废弃，后庵收归涿州胡良村延寿寺代管。清康熙四年（1665年）秋，唐县僧人纯白到香树庵任方丈。纯白续修此庵。清康熙十一年（1672年）香树庵重修竣工。雍正末年，庵遭毁坏。清乾隆二十二年（1757年）又重修。侵华日军扫荡平西抗日根据地时，香树庵被烧毁。

寺院殿宇

隋大业年间（605—618年），幽州智泉寺（位于今北京西城区法源寺附近）僧人静琬在白带山发愿刻经。唐贞观五年（631年），静琬在白带山上、山下建造佛堂、僧舍等房屋，形成云居寺早期殿堂。唐开元十八年（730年），金仙公主奏请玄宗赐经，同时对云居寺进行修复、扩建。唐会昌时期，云居寺遭受劫难。辽会同三年（940年）后，云居寺再度兴盛。辽应历十四年（964年），西云居寺大规模修复建设。明中叶以后，云居寺殿宇逐渐衰落。清康熙四年至六年（1665—1667年），修葺东云居寺。康熙十一年（1672年），西云居寺又开始修复，康熙三十七年（1698年）竣工，修复建设殿宇、禅堂、寮房、厨房200余间，形成三路建筑、五层院落、六进殿宇的格局，还有行宫、碑廊、塔院等。1938年秋，侵华日军飞机多次轰炸云居寺，云居寺殿宇房屋被毁。新中国成立后，20世纪80年代至90年代，国家、北京市、房山区投资对云居寺进行大规模修复建设。

云居寺五层院落俯视图（拍摄于2014年10月）

鸟瞰云居寺（拍摄于2016年）

天王殿

云居寺天王殿即山门，是云居寺第一层殿，亦称三门殿或山门殿，与山门合为一体。1901年至1924年，法国人普意雅（G.Billard）多次游览云居寺，于1924年著有《记石经山西域寺》，文中记载天王殿式样："门前有二石狮，门有三""进门处为天王殿，内塑四大天王像，分居左右，中有小法台，上塑一壮丽之弥勒佛像，坐西而向东"。天王殿中门上悬额匾曾题"西域寺、云居寺"，二名并列。清乾隆元年（1736年）查礼游云居寺时，记寺门匾额为"西域大云居寺"。1986年，天王殿修复主体工程竣工。修复后的天王殿面积118平方米，面阔三间，进深五檩，砖石台基，硬山调大脊筒瓦屋面，五小兽，檐下施以单翘三踩斗拱，旋子彩画。明间前出垂带踏跺九级，前檐明间券门，白色券脸石，次间石券窗，白色券脸石，后檐装修同前檐。1999年，塑造天王殿内神像。殿内正中供奉笑口常开的大肚弥勒佛，弥勒佛像后面供奉韦陀菩萨。

云居寺山门前旧影（拍摄于1925年至1931年，邓之诚收藏）

● 云居寺山门遗迹石狮（拍摄于20世纪80年代）

● 云居寺山门（拍摄2012年）

● **原天王殿内塑像**（德国女摄影家赫达·莫里逊拍摄于1933年至1946年间）

● **天王殿内韦陀菩萨像**（拍摄于2015年4月）

● 修复后天王殿内四大天王像
（拍摄于2015年4月）

● 天王殿弥勒佛坐像
（拍摄于2015年4月）

毗卢殿

毗卢殿是云居寺的第二层殿，是寺院主殿。1986年4月30日，修复工程竣工。修复后毗卢殿正殿建筑面积434平方米，面阔七间，前出轩，后出刹，接连式歇山顶，双卷勾连搭，进深七间，带前后廊。后卷硬山调大脊筒瓦屋面，五小兽，前卷硬山过垄脊筒瓦屋面，五小兽。铃铛排山，木构架绘制旋子彩画，明间檐下蓝底金字卧匾“毗卢殿”。明间、次间五抹隔扇门四扇，梢间、尽间槛墙三抹槛窗四扇，正十字方格棂心。砖石台基，台基四周护以方柱头汉白玉石栏杆，明间垂带踏跺九级。

殿内毗卢遮那佛像（毗卢佛），为国家一级文物，明代铸造，紫铜质地，身宽180厘米，高194厘米，重4.5吨，饰以毗卢冠。

● **毗卢殿外景**（拍摄于2015年4月）

○ 毗卢殿内毗卢遮那佛像（拍摄于2015年4月）

● 毗卢殿内文殊菩萨像（拍摄于2008年9月）

● 毗卢殿内佛像（一）（拍摄于2015年4月）

● 毗卢殿内佛像（二）（拍摄于2015年4月）

牌楼

牌楼位于毗卢殿前。1999年重建，牌楼为四柱七楼十二戗木结构，庑殿顶，上层檐下单翘重昂七踩拱旋子彩画，下层檐下五踩斗拱旋子彩画，红色圆柱，夹杆石。牌楼上有“千年古刹”4个镏金大字，是原中国佛教协会会长赵朴初题写。牌楼后左右各竖旗杆一根，栽植白皮松各一株。

●云居寺牌楼旧影（拍摄于1925年至1931年间，邓之诚收藏）

●牌楼（拍摄于2005年3月）

钟楼鼓楼

钟楼位于毗卢殿北侧，鼓楼位于毗卢殿南侧，均为2层木质砖瓦结构，建筑面积均为47平方米，高9.8米。钟楼悬挂清康熙四十年（1701年）铸造铜钟一口，口径1.42米，高1.75米，重1.7吨。

● **钟楼**（拍摄于2015年4月）

● **鼓楼**（拍摄于2015年4月）

钟楼内铜钟（拍摄于2010年10月）

释迦殿

● **释迦殿内佛祖释迦牟尼佛像**（拍摄于2015年4月）

释迦殿是云居寺第三层殿，位于第二层阶梯平台之上，亦称“大雄宝殿”。20世纪80年代中期，云居寺开始修复释迦殿及其配殿。1990年 8月竣工。修复后，释迦殿总建筑面积1141平方米。照门面阔三间，进深五檩，硬山调大脊筒瓦屋面，三小兽，木构架绘制旋子彩画，明间券门，次间券窗，套方锦棂心。正殿面阔五间，进深七檩，带前后廊。硬山调大脊筒瓦屋面，铃铛排山，五小兽。檐下单昂三踩斗拱，大木构架五架梁带前后抱头梁，木构架绘制旋子彩画。前檐明间五抹隔扇门四扇，次间、梢间三抹隔扇窗、槛墙，正十字方格棂心。明间檐下悬挂黑底金字“释迦殿”横匾，廊柱间骑马雀替，老檐出后檐。室内彻上透明造，方砖墁地。砖石台基，明间前出垂带踏跺七级。殿内地面古石阶为隋唐遗存。

殿内供奉1986年6月从北京大钟寺迎请的佛祖释迦牟尼佛像。佛像为国家一级文物，明代铸造，紫铜质地，身宽200厘米，高278厘米，重5吨。释迦殿的南北配殿各11间，砖石台基，硬山调大脊，筒瓦屋面。木构架绘制旋子彩画，明间为过道，梢间五抹隔扇门四扇，次间、尽间三抹隔扇窗、槛墙。窗为正十字方格棂心。室内方砖墁地，彻上透明造。院中有菩提树、古杏树各1株。

● 进入第三层院落的台阶（拍摄于2015年4月）

● 进入释迦殿的院门
（拍摄于2015年4月）

● 释迦殿外景（拍摄于2015年4月）

●释迦殿内罗汉像（拍摄于2010年10月）

释迦殿外古杏树（拍摄于2015年4月）

药师殿

● 药师殿内药师佛像（拍摄于2015年4月）

药师殿是云居寺第四层殿，位于第三层阶梯平台之上。1990年2月28日，开始修复药师殿主殿，同年8月竣工。修复后药师殿院落建筑面积1066平方米。正殿前照门一座，面阔一间，硬山调大脊筒瓦屋面，三小兽，木构架绘制旋子彩画，隔扇门四扇。正殿面阔五间，进深七檩，带前后廊，硬山调大脊筒瓦屋面，铃铛排山，五小兽。檐下单昂三踩斗拱，大木构架五架梁带前后抱头梁，木构架绘制旋子彩画。药师殿前檐下悬挂黑底金字“药师殿”横匾，廊柱间骑马雀替，老檐出后檐。砖石台基，明间前出垂带踏跺七级。室内彻上透明造，方砖墁地。殿内药师佛像为国家一级文物，明朝铸造，紫铜质地，宽220厘米，高285厘米，重4.8吨。

● 进入第四层院落的台阶
（拍摄于2015年4月）

● 进药师殿院的院门
（拍摄于2015年4月）

● 药师殿外景（拍摄于2015年4月）

弥陀殿

● **弥陀殿**（拍摄于2015年4月）

弥陀殿是云居寺的第五层殿，位于第四层阶梯平台之上。20世纪80年代中后期，开始修复弥陀殿。1992年年底，弥陀殿修复完成，院落建筑面积918平方米。主殿面阔五间，进深七檩，带前后廊，硬山调大脊筒瓦屋面，铃铛排山，五小兽。檐下单昂三踩斗拱，大木构架五架梁带前后抱头梁，木构架绘制旋子彩画。前檐明间五抹隔扇门四扇，次、梢间三抹隔扇窗、槛墙，上带横披窗，正十字方格棂心。明间檐下悬黑底金字“弥陀殿”横匾，廊柱间骑马雀替，老檐出后檐。砖石台基，明间前出垂带踏跺七级。室内彻上透明造，方砖墁地。

1998年至1999年8月底，复建弥陀殿主殿照门、弥陀殿南北配殿。主殿前照门面阔一间，悬山调大脊筒瓦屋面，三小兽，木构架绘制旋子彩画。弥陀殿南北配殿9间，建筑面积计654平方米。硬山调大脊筒瓦屋面，木构架绘制旋子彩画，明间五抹隔扇门四扇，次、梢间三抹隔扇窗四扇、槛墙，正十字方格棂心。室内方砖墁地，彻上明造。砖石台基。

殿内阿弥陀佛像为国家一级文物，明代铸造，紫铜质地。宽270厘米，高274厘米，重7.8吨，是云居寺内最重的铜佛。

● **弥陀殿内阿弥陀佛像**（拍摄于2015年4月）

大悲殿

● 大悲殿外景（拍摄于2015年4月）

大悲殿是云居寺的第六层殿。1987年4月，修复完成大悲殿群。修复后大悲殿院落建筑面积952平方米。正殿面阔三间，进深五檩，硬山调大脊筒瓦屋面，五小兽，檐下施以一斗三升斗拱，明间五攒，次间五攒，旋子彩画，前檐明间五抹隔扇门四扇，次间三抹隔扇窗四扇、槛墙。

殿内千手千眼观世音菩萨为国家一级文物，明代铸造，紫铜质地，重2.1吨。正殿有照门一座，为一殿一卷垂花门形式，两侧连接抄手游廊，梅花方柱，廊柱间步步锦倒挂楣子、坐凳楣子。正殿有南北耳房及转角房。南耳房作为舍利馆，北耳房作为藏经阁。大悲殿南、北配殿各五间，均为进深五檩，硬山调大脊，筒瓦屋面，五小兽，旋子彩画，明间五抹隔扇门四扇，次间三抹隔扇窗四扇、槛墙。

● 大悲殿内千手千眼观世音菩萨像
（拍摄于2015年4月）

佛祖舍利馆

● **舍利馆外景**（拍摄于2015年4月）

● **佛舍利**（拍摄于2012年6月）

● **舍利馆内景**（拍摄于2012年5月）

藏经阁

● **藏经阁外景**（拍摄于2015年4月）

地藏殿

● 地藏殿院门（拍摄于2015年4月）

● 地藏殿外景（拍摄于2015年4月）

地藏殿，位于弥陀殿南跨院，坐南朝北。1999年8月修复，建筑面积203平方米。殿内供奉地藏王菩萨，两旁塑像为道明、闵公。

● 地藏王菩萨像（拍摄于2015年4月）

祖师殿 唐僧殿

● **祖师殿外景**（拍摄于2015年4月）

祖师殿，位于弥陀殿南跨院，坐西朝东。1999年8月修复，建筑面积199平方米。殿内供奉禅宗初祖菩提达摩，两旁塑像为六祖慧能和百丈怀海，还供奉云居寺各代住持名位。

● **唐僧殿外观**（拍摄于2015年4月）

唐僧殿，位于祖师殿南耳房，为三间，建筑面积66平方米。殿内无像。祖师殿前立有清嘉庆十四年（1809年）《云居寺御赐稻田碑》、清乾隆八年（1743年）《重修云居寺碑记》。

度母殿

度母殿外景（拍摄于2015年4月）

度母殿，位于祖师殿院落下方，坐西朝东，有一独立小院为云居寺库房。库房院东墙外为中路建筑通往南塔的甬路，甬路下方有度母殿三间，建筑面积76平方米，1999年建成。

度母殿内度母菩萨像（拍摄于2015年4月）

行宫院

● **行宫外景**（拍摄于2015年4月）

行宫，是千佛殿迤西的一处独立院落。行宫建于清代，云居寺处于清帝王祭扫西陵途经路旁不远，故寺内建有行宫为帝王提供驻跸之所。1989年，云居寺清理行宫遗址。1993年行宫复建工程竣工，建筑面积898平方米。行宫院内，东房、西房各五间，形制均为硬山调大脊筒瓦屋面，五小兽，前出廊，明间五抹隔扇四扇。垂带踏跺五级，廊柱间骑马雀替，红色圆柱，覆盆式柱础，木构架绘制雅伍墨线旋子彩画；次、梢间三抹隔扇四扇，正十字方格棂心。北房三间，形制为硬山调大脊筒瓦屋面，五小兽，前出廊，明间五抹隔扇四扇，次间三抹隔扇四扇，正十字方格棂心，红色圆柱，覆盆式柱础，木构架绘制雅伍墨旋子彩画。北房有东西耳房各两间。硬山过垄脊，筒瓦屋面，门连窗，槛墙有窗，正十字方格棂心。

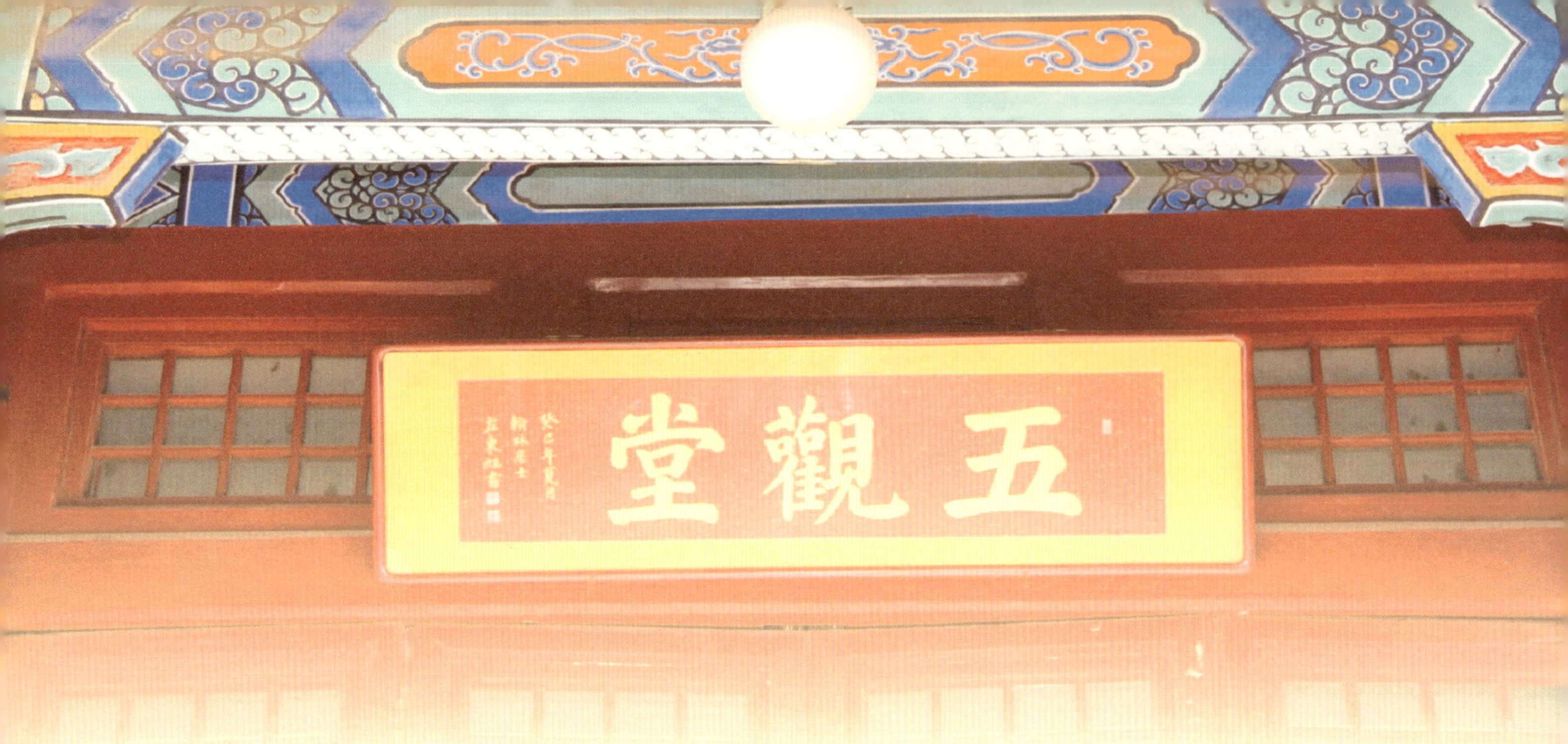

千佛殿，1989年开始修复，1992年年底主体工程竣工。修复后千佛殿建筑面积205平方米，面阔五间，硬山调大脊筒瓦屋面，前出廊，明间五抹隔扇四扇，前出垂带踏跺七级，次、梢间三抹隔扇四扇，正十字方格棂心。廊柱间骑马雀替，下为栏杆，木构架绘制墨线旋子彩画，红色圆柱，覆盆式柱础。

千佛殿外景（拍摄于2015年）

连心树（拍摄于2015年）

云居书画苑

● 云居书画苑外景

（拍摄于2006年）

书画苑，建筑面积94平方米。面阔三间，硬山调大脊，筒瓦屋面，前出廊，明间五抹隔扇四扇，前出垂带踏跺七级，次间三抹隔扇四扇，正十字方格棂心。廊柱间骑马雀替，下为栏杆，木构架绘制墨线旋子彩画，红色圆柱，覆盆式柱础。

● 书画苑内景（拍摄于2006年）

其他建筑

西峪花宫冬景（拍摄于2011年2月）

西峪花宫夏景（拍摄于2012年）

● 云居别院（拍摄于2015年4月）

● 云居别院院门（拍摄于2015年4月）

云居有境（拍摄于2015年4月）

寺院竹丛（拍摄于2015年4月）

● 曲径通幽（拍摄于2015年4月）

● **雪中翠竹**（拍摄于2011年2月）

石经沧桑

隋大业年间（605—618年），僧人静琬发愿刊刻石经，以备法难时充任经本，在白带山凿石为室，将刊刻石经藏于洞内。静琬圆寂后，其弟子承师遗训，累代续刻。五代时，云居寺刻经一度衰落。辽代，僧人通理在云居寺主持刻经，南塔前挖地为穴，储藏经版。辽太平七年（1027年），涿州刺史韩绍芳命人打开云居寺石经山藏经洞，清点前朝所刻石经数目，与云居寺住持留公法师分别上奏圣宗皇帝，请求恢复刻经事业，圣宗御赐刻经经费，并派瑜伽大师可玄提点镌修，补缺续新，恢复石经刊刻。金代刻经始于天会十年（1132年），是继承辽代的经帙而进行的。金末兵乱以后，房山刻经事业又告停顿。元代房山云居寺刻经事业完全陷于停顿状态。明代正式续造石经是于明万历末年至天启、崇祯年间。明代以后，云居寺刻经锢藏事业停止。

隋至明末，云居寺佛门信徒矢志不渝，刻经锢藏不止，共刻佛经1122部3572卷，刻成经版14278块（不包括残石），所刻经文字数3500多万字。清康熙年后，也刻部分经碑立于寺中。

山洞藏经

● **石经山一角**（拍摄于2015年4月）

隋至唐末，在石经山辟凿9个藏经洞。分为上下两层，其中，上层7个洞，下层2个洞。

1956年，中国佛教协会对石经进行拓印及整理，按照近代考古发掘办法对石经山藏经洞进行编号，下层两洞自右起编为第1、2洞，上层自右向左顺次编为第3、4、5、6、7、8、9洞。石经山上9个藏经洞内石经一般是下层立放，上层横放或平放，重叠于洞内。中国佛教协会拓经人员对各洞石经数量进行了统计，石经山洞内外存藏石经4978块。其中，洞内石经经版4196块，洞内外石经残石782块。

藏经第1洞和第2洞（拍摄于2015年4月）

石刻“念佛”（拍摄于20世纪80年代）

第1洞和第2洞，是暹公、玄法等所开。暹公是静琬刻经事业的第三代继承人，刻经于唐开元时期。唐开元、天宝（712—756年)时期，由于受到唐玄宗、金仙公主等皇室的重视和扶持，刻经事业兴旺，经版藏地不足，暹公等人从上排第3洞、5洞、6洞、7洞下边，另开两个大洞新堂，即第1洞、2洞，储藏新刻佛经。第1洞和第2洞，藏经有《大般若波罗蜜多经》《金刚般若波罗蜜经》《大方等大集经》等。两洞之间有明万历年间一位钦差总督题写“念佛”二字。

● **藏经第3洞**（拍摄于2015年4月）

● **藏经第4洞**（拍摄于2015年4月）

第3洞、4洞围绕第5、7、8洞，从右雁行排开。从其藏经情况看，也可能是静琬时所开，其弟子导公、仪公时完成。第3洞、4洞，藏经有《大般波罗蜜多经》105卷至192卷的大量经版，镌刻时间多在唐天宝时期（742—756年）。第3洞多唐代前期刻经，开凿在7世纪前期。第4洞藏经最早为唐咸亨二年（671年），开凿在7世纪后期。

● **雷音洞旧照**（摄于1925年至1931年间，邓之城收藏）

第5洞名华严堂、石经堂，又名雷音洞。据唐元和四年（809年）刘济撰《涿鹿山石经堂记》载：“济封内山川，有涿鹿山石经堂者，始自北齐”。雷音洞是最早的藏经洞，洞内宽广如殿，兀立八角形石柱4根，支架洞顶。其中，两根各雕佛像272尊，另两根各雕佛像256尊，共雕刻佛像1056尊，故称“千佛柱”。每尊佛像旁边都有名号，刻工精致，是石雕精品。佛像曾饰金，洞中四壁镶嵌146块石经，都是静琬早期所刻。雷音洞是石经山藏经洞中唯一没有锢封可以进入的洞堂，洞门口有可以开启的木门。

● 雷音洞内景（拍摄于2015年4月）

● 雷音洞外景（拍摄于2015年4月）

● 雷音洞内千佛柱佛像（拍摄于2015年4月）

● **雷音洞内壁石经**（拍摄于2015年4月）

● **雷音洞石棱窗户**（拍摄于2015年4月）

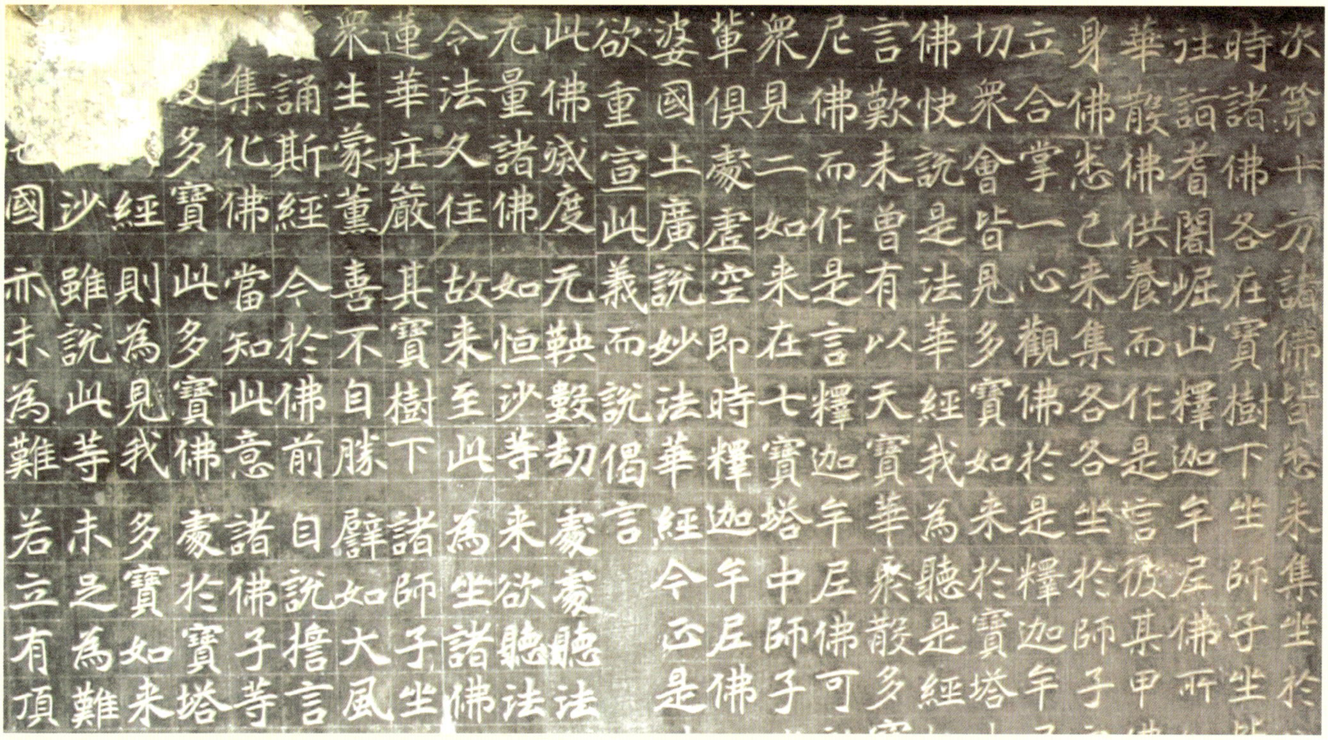

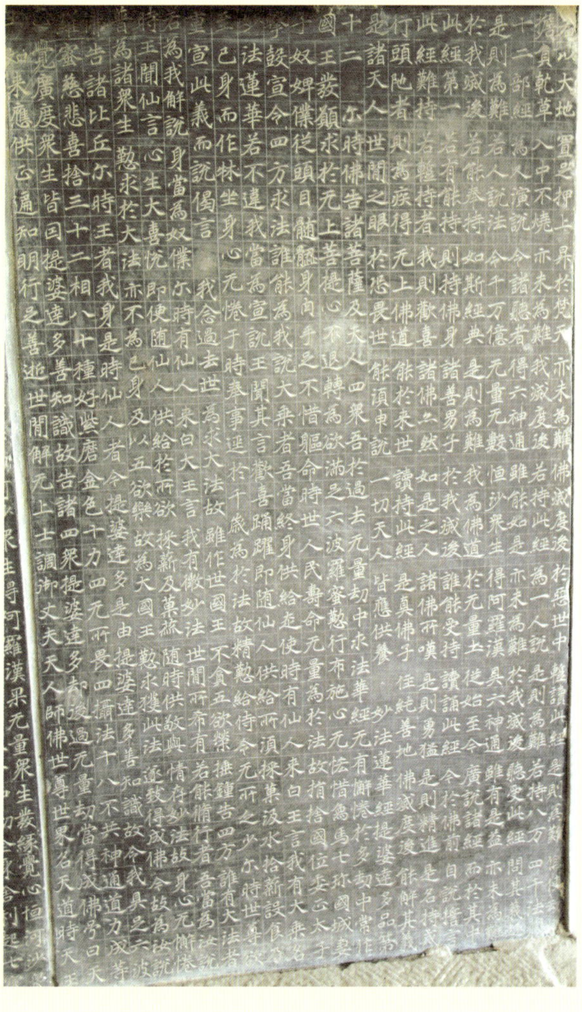

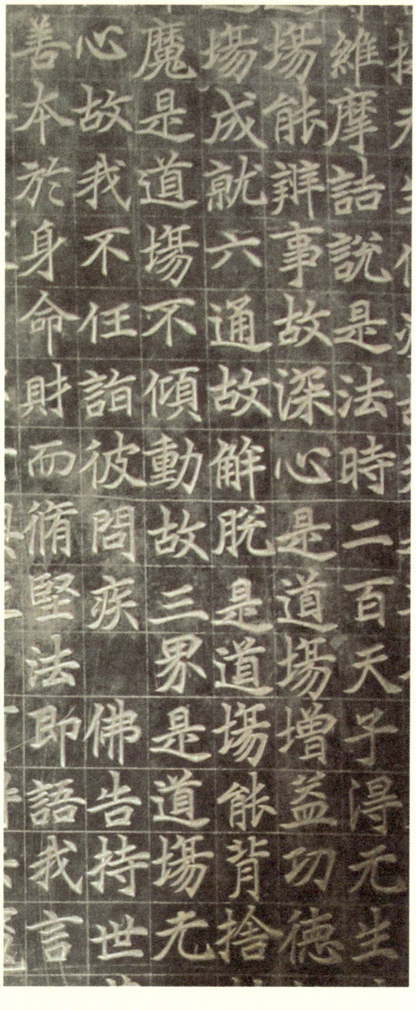

雷音洞内壁镶嵌的石经（拍摄于2015年4月）

● **藏经第6洞**（拍摄于2015年4月）

第6洞，其地形是置于两大洞间的阶梯旁边，或者两大洞间的一个小地，所开洞窟十分狭小。第6洞，洞口有明代所刻董其昌题额“宝藏”两字。洞中贮藏石经大部分为明代，还有唐开元年间题记碑多通，以及众多道家刻经。

● **第6洞旧照**（拍摄于1925年至1931年间，邓之诚收藏）

● 藏经第7洞（拍摄于2015年4月）

● 藏经第8洞（拍摄于2015年4月）

第7洞、8洞也是静琬所凿洞室，位于第5洞左侧，地势开阔。第7洞是较早开凿的第二个洞，洞内藏《涅槃经》，它是重要的大经。据唐武德八年（625年）题记所载，经版最初在洞内放置是分行成组，面背也以组为单位刻文的方式行之，十分占空间。静琬开凿的第三个洞是第8洞。洞内空间较大，洞外也视景开阔。洞内储经为《华严经》，是流行的重要佛典，而且是接《涅槃经》完成后续刻的。静琬对经石在洞内的存储方式有了根本性的改革，《华严经》就以每块石之阴阳为面背刻放，既方便刊刻又便于置放。

● **藏经第9洞**（拍摄于2015年4月）

第9洞，位于上排最东侧，藏经主要为唐代中期刻经，最早为唐武则天时期，数量很少。从储经看可能为8世纪后期9世纪初期所开。

地穴藏经

石经地穴南部东石门（拍摄于1957年8月）

辽代，在统治者支持带动影响下，云居寺又开始大规模刻经。石经山藏经洞存经已满，沙门善锐与主持刻经的通慧圆照，见经碑未藏，或有损坏，遂议建地穴藏经。金天庆七年（1117年），于寺内西南隅穿地为穴，瘗藏经版，将辽道宗皇帝所办石经大碑180片，通理大师所办石经小碑4080块，藏入地穴。同年，沙门绍坦在地穴旁建释迦佛舍利塔一座，又称南塔，塔铭记有“此塔前相去一步，在地宫有石经碑四千五百条”。

金天眷三年（1140年），云居寺打开石经地穴，埋藏辽天庆八年（1118年）至金天会年间（1123—1137年）山西奉圣州保宁寺玄英及俗家弟子史君庆等刻经27帙，容纳不下，在地穴南端又开辟一穴。金大定、明昌之间（1161—1196年），再一次打开石经地穴，将金代刻造的大小乘经等经版埋入地穴。

● 1957年8月，中国佛教协会发掘地穴藏经并拓印

南塔地穴石函（拍摄于1957年8月）

石经地穴南部（拍摄于1957年8月）

地穴内石经（拍摄于1957年8月）

　　1956年至1958年，中国佛教协会在发掘整理石经山洞藏石经过程中，发现部分石经遭受自然风化和人为毁坏。1958年结束发掘后，山下的10082块辽金石经，在新建的600平方米简易库房存放。石经山藏经洞4000余块石经放归原洞封存。

　　20世纪70年代，山上、山下石经均出现风化问题。1980年12月，房山县政府完成改扩建石经库房工程。建石经库房24间，石经展室9间，南北配房各3间。石经由封闭在库房保护，变为开放式存放。

● 云居寺文物保管所旧影

● 1957年，棚内存放的地穴石经

20世纪60年代辽金石经库房

● 房山石经馆（拍摄于1981年）

● 展室一角（拍摄于1981年）

● 展室内石经（拍摄于1981年）

石经保护

● **石经地宫**（拍摄于2015年4月）

20世纪90年代中期，1957年出土的10082块辽金石经风化严重。1998年4月3日，中共北京市委、北京市人民政府邀请有关专家，专门研究馆藏石经保护问题。会议认为，把石经按原来方式归藏地下，是防止石经风化最佳方案。

1999年2月22日至7月30日，石经地宫工程建设完成。建筑面积近400平方米，砌体混合结构，为全封闭地下窖藏式建筑，由主藏经室、附属储藏室（地穴）、机房、参观廊组成。主藏经室进深8.52米，宽17.52米，高3.99米，用于存放石经。附属储藏室（地穴）长5.04米，宽2.15米，高2.15米，设门与主储藏室相通，可供存放相关物件。藏经室和附属储藏室采取密封处理。储藏室与参观廊之间设9个观察窗。储藏室内石经版存放排列形式，大体为出土时状态，分6层21列整齐码放。石经版间，加垫宣纸隔离，以防止石经版码放中错动发生字口摩擦。经版层间，衬以防腐沙袋，以保证重力传递基本均匀。1999年9月9日，举行辽金石经回藏庆典，回藏经版10082块。

1999年9月9日，举行辽金石经回藏庆典

地宫内石经（拍摄于2012年6月）

石经拓印

1956年，中国佛教协会通过国务院宗教事务管理局向国务院请示拓印云居寺石经，获国务院批准。1956年3月，中国佛教协会协同北京大学考古系，开始云居寺石经的发掘工作。

1957年11月16日，历时19个月的石经山经版拓印工作结束。拓印9个藏经洞经版 4196块，洞内外残碎经版782块，雷音洞附近的碑记、摩崖石刻、经幢、造像、题名、题记等75件，共拓印90298张。

1958年4月20日，开始拓印地穴石经。同年11月20日，地穴石经全部拓印完成，计10082块。

拓印现场（拍摄于1956年）

1956年，中国佛教协会拓印石经人员在石经山修建拓经用工棚

1956年，中国佛教协会人员开启藏经洞，搬出石经

● 石经山洞中藏经拓片

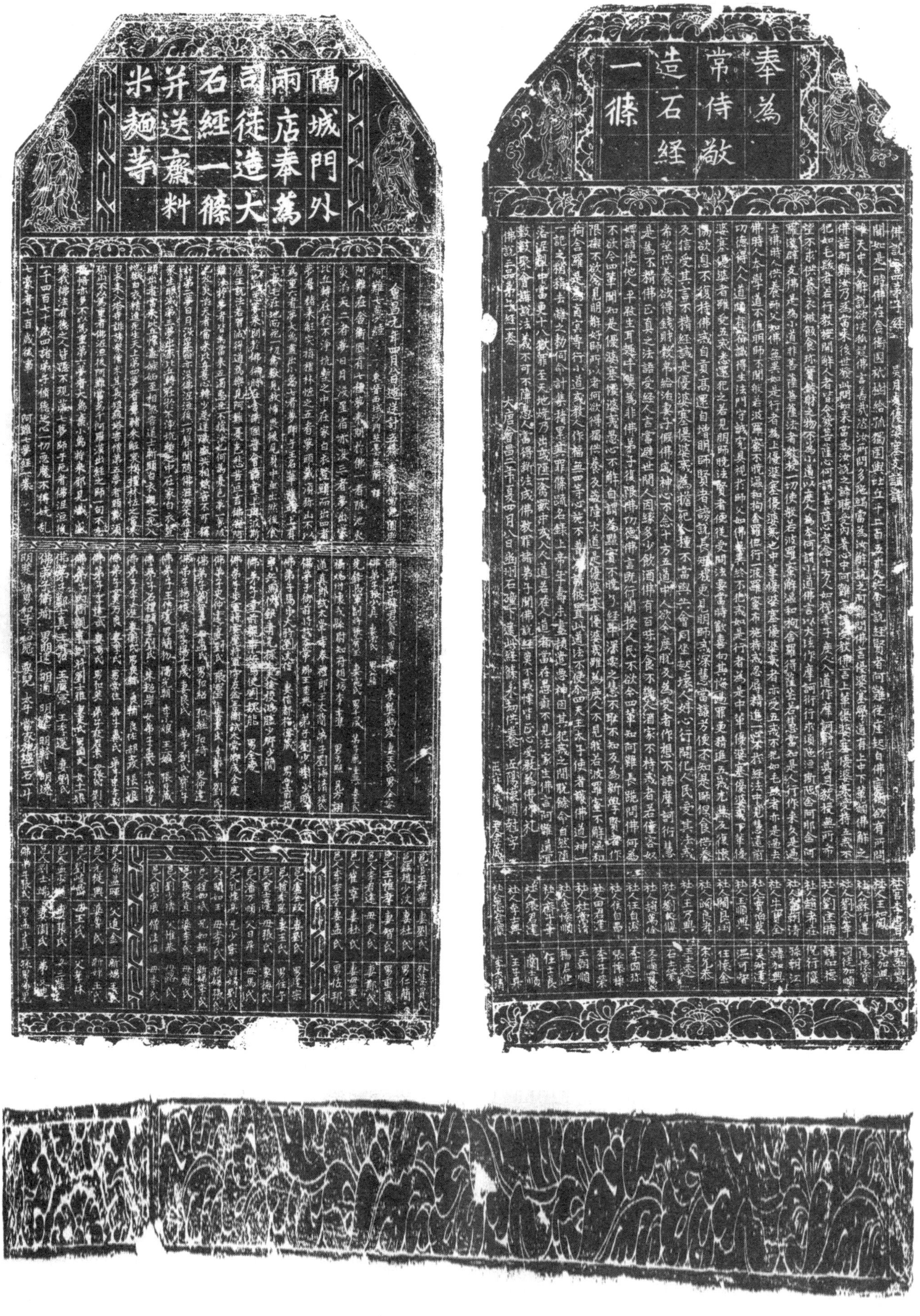

● 石经山洞中藏经及石碑花纹拓片

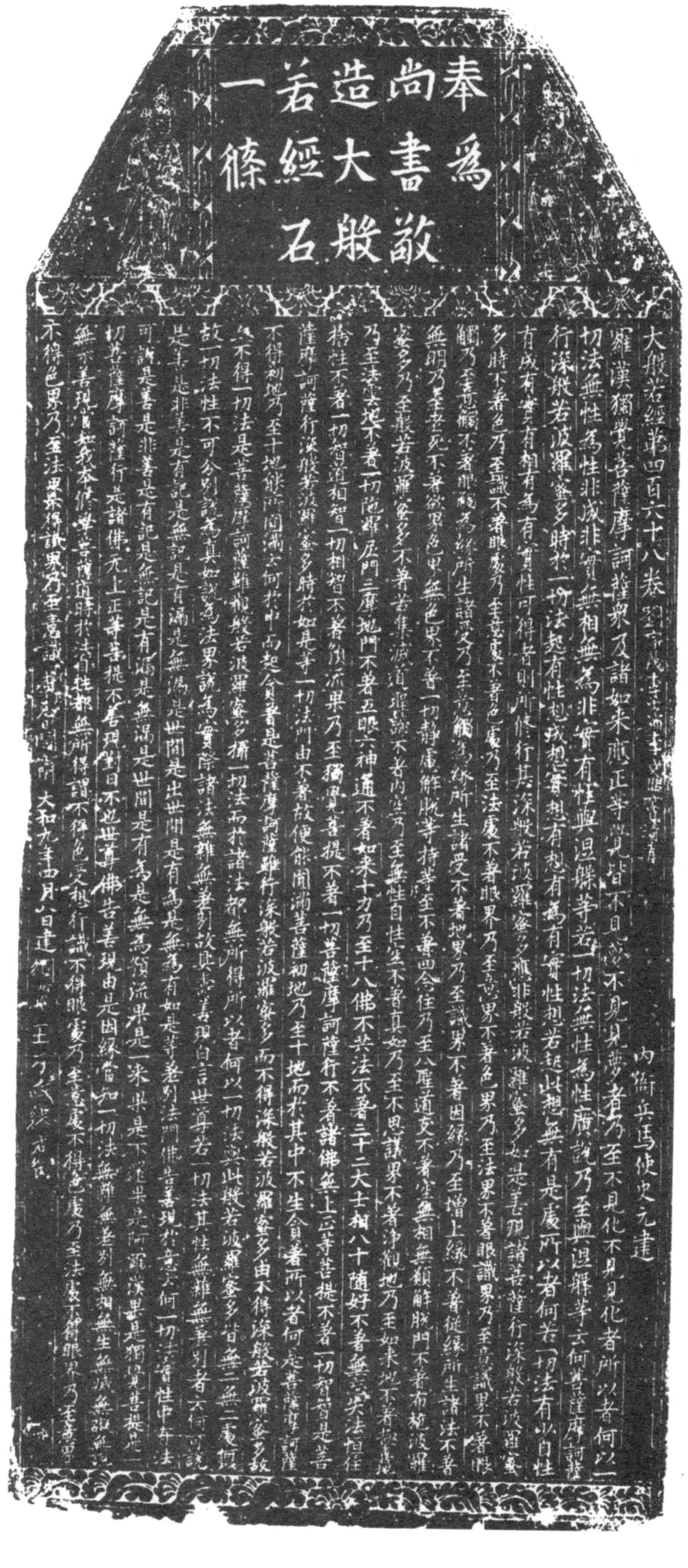

● 《大般若波罗蜜多经》拓片

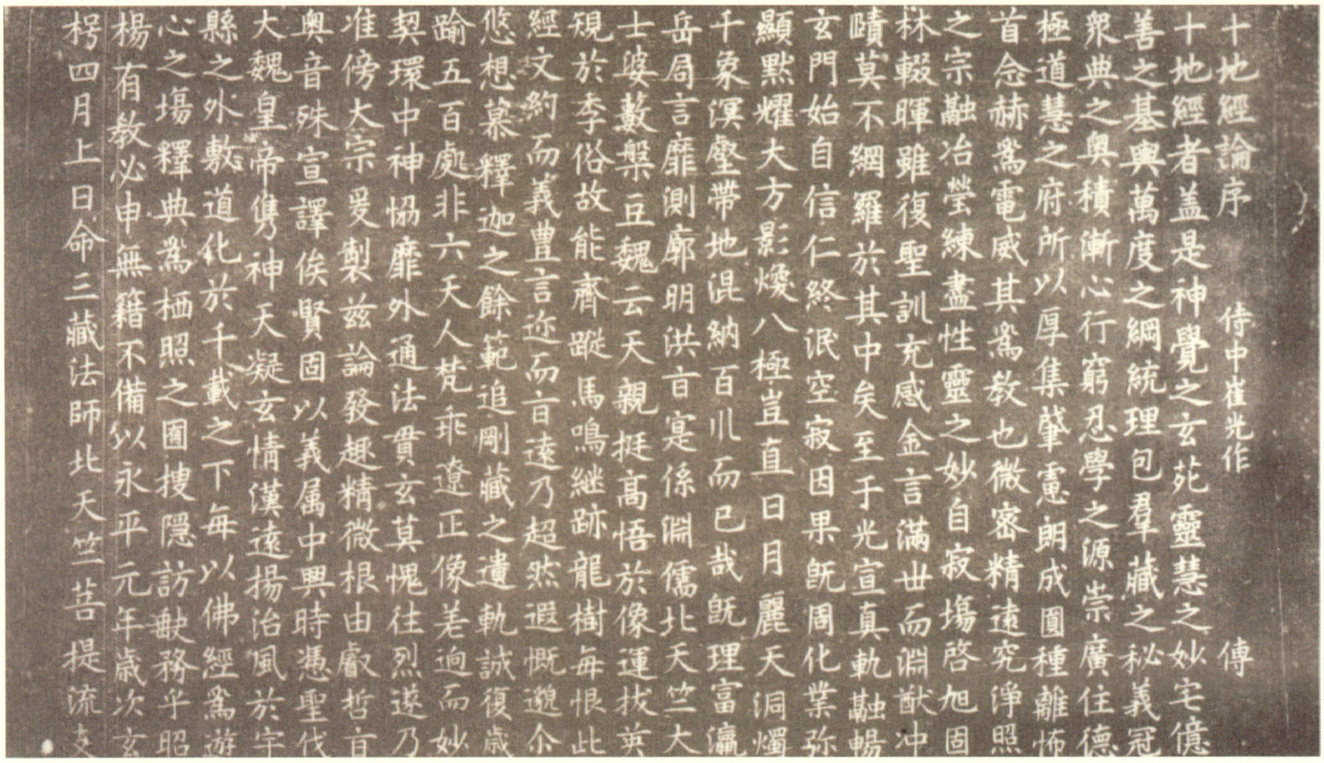

十地經論序　侍中崔光作　傳
十地經者蓋是神覺之玄苑靈慧之妙宅億
善之基輿萬度之綱統理包羣藏之祕義冠
衆典之奧積漸心行窮忍學之源崇廣住德
極道慧之府所以厚集肇靈朗成圓種離怖
首念赫爲電威其爲教也微密精遠究淨照
之宗融冶瑩練盡性靈之妙自寂場啓旭固
林輟暉雖復聖訓充感金言滿世而淵猷冲
賾莫不網羅於其中矣至于光宣真軌融暢
玄門始自信仁終泯空寂因果既周化業弥
顯默耀大方影爍八極豈直日月麗天洞燭
千象溟壑帶地混納百川而已哉既理富瀛
岳局言靡測廓明洪旨寔係偈儒北天竺大
士婆藪槃豆魏云天親挺高悟於像運拔英
規於季俗故能齊蹤馬鳴繼跡龍樹每恨此
經文約而義豐言迩而旨遠乃超然遐慨邈尒
悠想慕釋迦之餘範追剛藏之遺軌誠復歲
踰五百處非六天人梵乖違正像差迴而妙
契環中神協靡外通法貫玄莫愧往烈遂乃
准傍大宗爰製茲論發趣精微根由叡哲旨
奧音殊宣譯俟賢固以義屬中興時憑聖代
大魏皇帝儁神天凝玄情漢遠揚治風於宇
縣之外敷道化於千載之下每以佛經爲遊
心之場釋典爲栖照之囿搜隱訪眞務乎昭
揚有教必申無籍不備以永平元年歲次玄
枵四月上日命三藏法師北天竺菩提流支

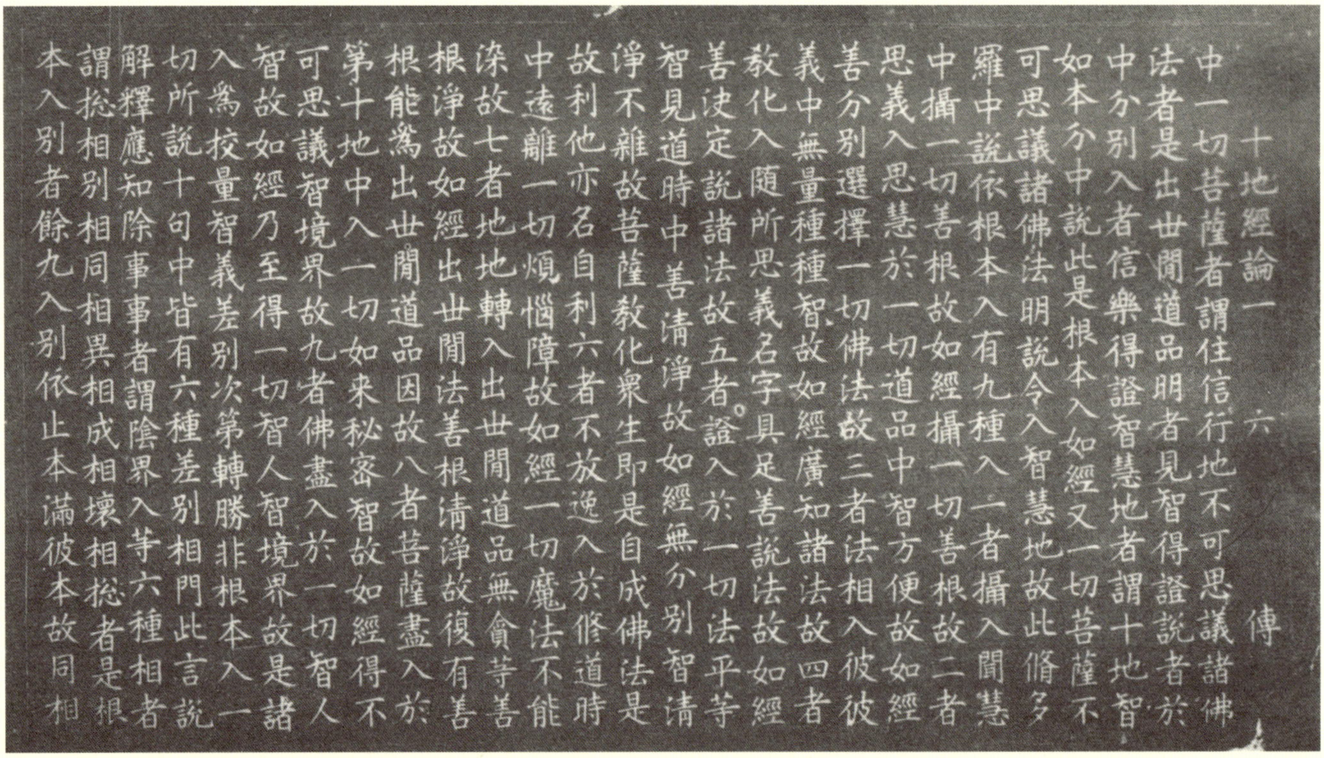

十地經論一　六　傳
中一切菩薩者謂住信行地不可思議諸佛
法者是出世間道品明者見智得證說者於
中分別入者信樂得證智慧地者謂十地智
如本分中說此是根本入如經又一切菩薩不
可思議諸佛法明說令入智慧地故此脩多
羅中說依根本入有九種入一者攝入聞慧
中攝一切善根故如經攝一切善根故二者
思義入思慧於一切道品中智方便故如經
善分別選擇一切佛法故三者法相入彼彼
義中無量種種智故如經廣知諸法故四者
教化入隨所思義名字具足善說法故如經
善決定說諸法故五者。證入於一切法平等
智見道時中善清淨故如經無分別智清
淨不雜故菩薩教化衆生即是自成佛法是
故利他亦名自利六者不放逸入於脩道時
中遠離一切煩惱障故如經一切魔法不能
染故七者地地轉入出世間道品無貪等善
根淨故如經出世間法善根清淨故復有善
根能爲出世間道因故八者菩薩盡入於
第十地中入一切如来秘密智故如經得不
可思議智境界故九者佛盡入於一切智人
智故如經乃至得一切智人智境界故是諸
入爲校量智義差別次第轉勝非根本入一
切所說十句中皆有六種差別相門此言說
解釋應知除事事者謂陰界入等六種相者
謂摠相別相同相異相成相壞相摠者是根
本入別者餘九入別依止本滿彼本故同相

● 地宫石经《十地经论》拓片

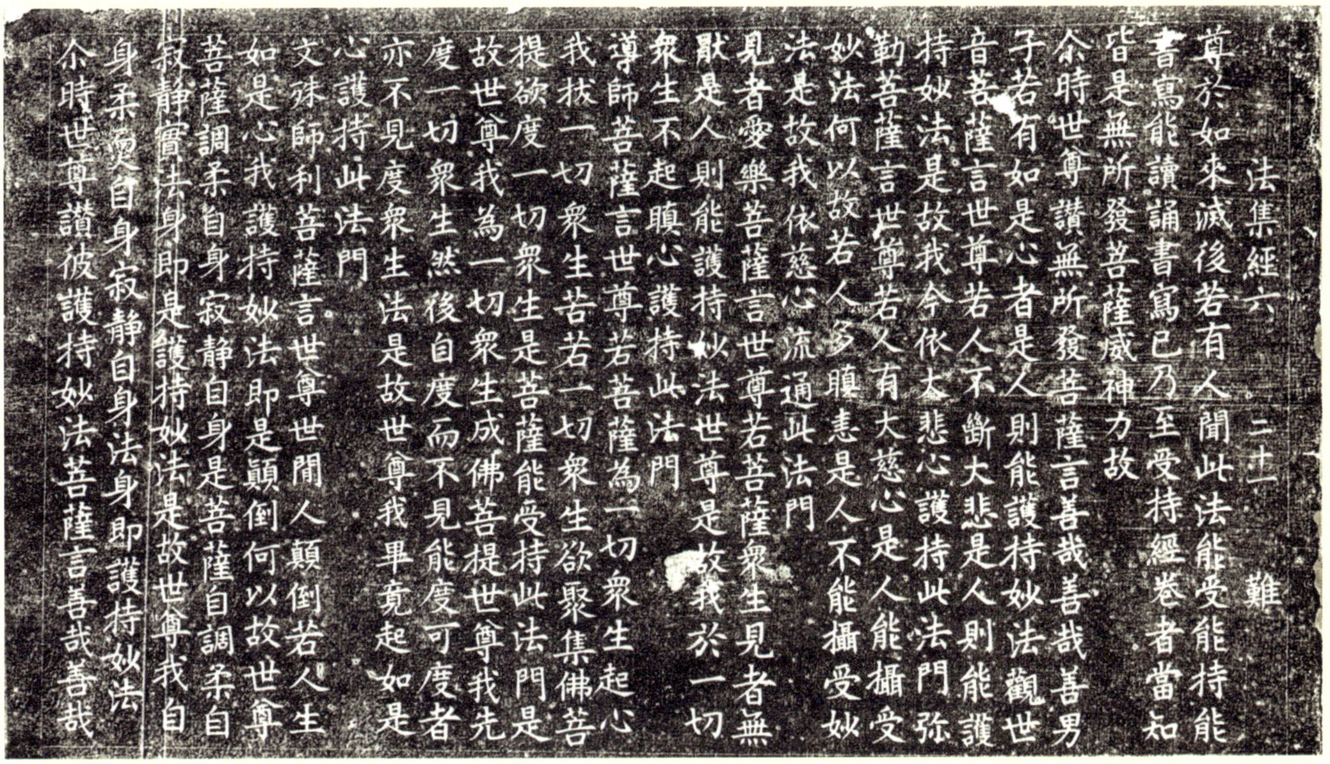

法集經六　二十一　難

尊於如來滅後若有人聞此法能受能持能
書寫能讀誦書寫已乃至受持經卷者當知
皆是無所發菩薩威神力故
佘時世尊讃無所發菩薩言善哉善哉善男
子若有如是心者是人則能護持妙法觀世
音菩薩言世尊若人不斷大悲是人則能護
持妙法是故我今依大悲心護持此法門弥
勒菩薩言世尊若人有大慈心是人能攝受
妙法何以故若人多瞋恚是人不能攝受妙
法是故我依慈心流通此法門
見者愛樂菩薩言世尊若菩薩衆生見者無
猒是人則能護持妙法世尊是故我於一切
衆生不起瞋心護持此法門
導師菩薩言世尊若菩薩為一切衆生起心
我拔一切衆生苦若一切衆生欲聚集佛菩
提欲度一切衆生是菩薩能受持此法門是
故世尊我為一切衆生成佛菩提世尊我先
度一切衆生然後自度而不見能度可度者
亦不見度衆生法是故世尊我畢竟起如是
心護持此法門
文殊師利菩薩言世尊世間人顛倒若人生
如是心我護持妙法即是顛倒何以故世尊
菩薩調柔自身寂靜自身是菩薩自調柔自
寂靜實法身即是護持妙法是故世尊我自
身柔[illegible]自身寂靜自身法身即護持妙法
佘時世尊讃彼護持妙法菩薩言善哉善哉

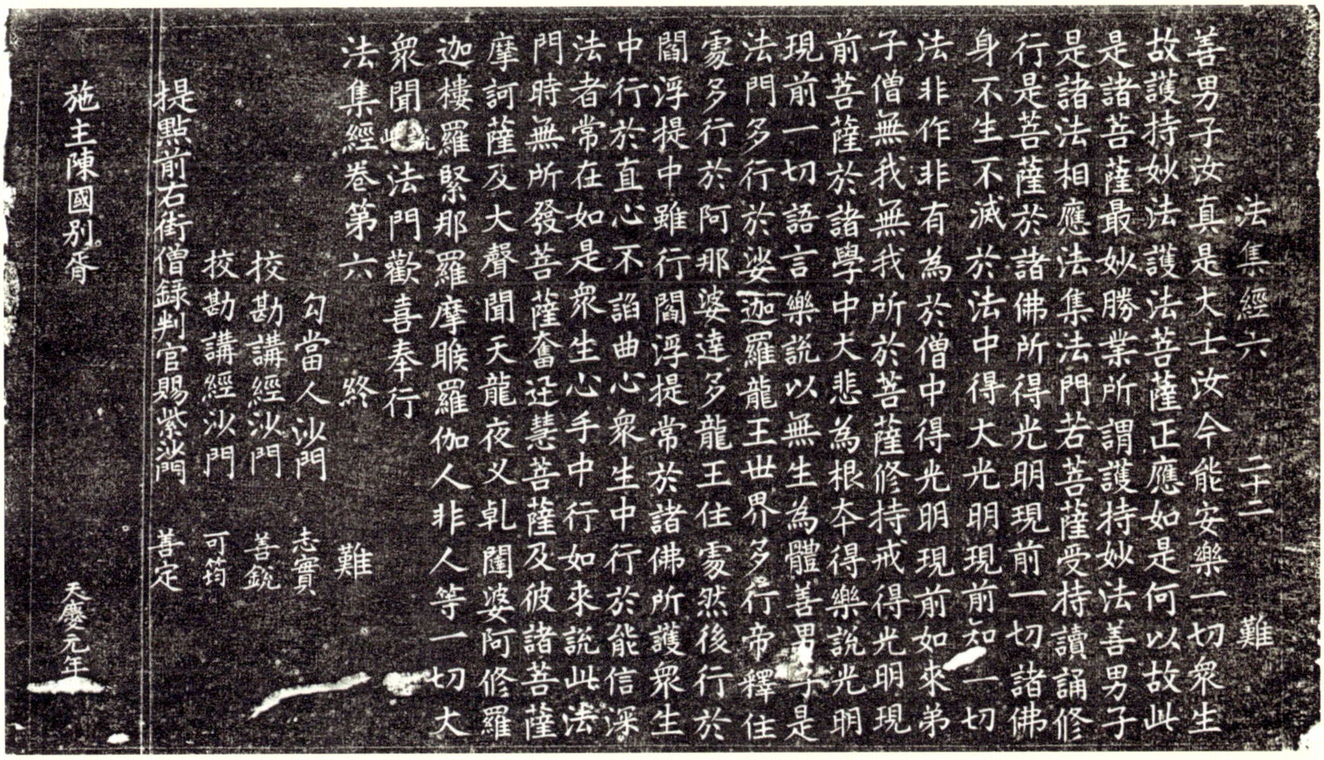

法集經六　二十二　難

善男子汝真是大士汝今能安樂一切衆生
故護持妙法護法菩薩正應如是何以故此
是諸菩薩最妙勝業所謂護持妙法善男子
是諸法相應法集法門若菩薩受持讀誦修
行是菩薩於諸佛所得光明現前一切諸佛
身不生不滅於法中得大光明現前知一切
法非作非有為於僧中得光明現前如來弟
子僧無我無我所於菩薩修持戒得光明現
前菩薩於諸學中大悲為根本得樂說光明
現前一切語言樂說以無生為體善男子是
法門多行於娑迦羅龍王世界多行帝釋住
處多行於阿那婆達多龍王住處然後行於
閻浮提中難行閻浮提常於諸佛所護衆生
中行於直心不諂曲心衆生中行於能信深
法者常在如是衆生心手中行如來說此法
門時無所發菩薩奮迅慧菩薩及彼諸菩薩
摩訶薩及大聲聞天龍夜叉乾闥婆阿修羅
迦樓羅緊那羅摩睺羅伽人非人等一切大
衆聞此法門歡喜奉行
法集經卷第六　終　難
勾當人沙門　志實
校勘講經沙門　善銳
校勘講經沙門　可筠
提點前右街僧録判官賜紫沙門　善定
施主陳國別胥　天慶元年

● 地宫石经《法集经》拓片

塔林风雨

● **北塔**（拍摄于1999年）

房山素有“塔乡”称誉。云居寺及石经山，现保存有唐、辽、清代古塔16座，分布在寺院及石经山顶。其中建筑年代最早的是北塔周围的5座唐塔和石经山顶的2座唐塔。

唐塔

景云塔（拍摄于2015年4月）

唐景云二年（711年）建，位于云居寺北塔西北角，为笋状四面小石塔。坐南朝北，高约4米。塔座为方形石板基座，塔身正面设有圆拱形塔门，门两旁雕刻两尊守卫力士。塔身第一层正面开有方形洞龛，龛内正面浮雕一佛二胁侍。塔身上部为六级密檐，塔刹顶部无存，仅存刹托。塔身第一层南面，镶有唐景云二年（711年）《石浮屠铭并序》刻石。

景云塔旧影（拍摄于20世纪50年代）

景云塔塔内浮雕（拍摄于2015年4月）

● **太极塔**（拍摄于2015年4月）

唐太极元年（712年）建，位于云居寺北塔东南角，为笋状四面小石塔。坐北朝南，高约4米。塔座方形石砌，塔身四方形。塔身第一层正面，开有方形洞龛。洞龛口上楣为拱券形，龛口旁边各立浮雕金刚力士像一尊，上身赤裸，肌肉突起，振臂挥拳，形象逼真。洞龛内正面，浮雕有一佛像两胁侍像。塔身上部为六级密檐，塔顶有云形刹座，上托葫芦形塔刹。塔身西外壁刻有唐太极元年（712年）王利贞所撰《大唐易州石亭府左果毅都尉蓟县田义起石浮图颂》。碑文下面有清光绪年间题刻和民国21年（1932年）陈兴亚等游览云居寺题记，塔壁还有陈兴亚《石经始发愿记》刻文。

● **太极塔旧影**（关野贞拍摄于1918年至1920年间）

● **太极塔塔门**（关野贞拍摄于1918年至1920年间）

● **太极塔塔内浮雕**（拍摄于2015年4月）

金仙公主塔（拍摄于2015年4月）

唐开元九年（721年）建，为笋状四面小石塔，位于云居寺石经山顶。唐代，曾在石经山山顶设有五台，每个台上建造汉白玉塔一座。今仅存东台上的金仙公主塔和南台上石塔。金仙公主塔建在东台上，高约4米，下部由4块汉白玉石板竖砌成方形龛状塔身。塔身正面朝南，开有方形洞龛，龛门楣为拱券式，龛内正面浮雕佛像及胁侍像。龛门两旁各浮雕立式金刚力士像一尊。塔檐为正反叠涩式，塔刹无存。塔西壁镌刻唐开元九年（721年）释玄英撰写的《云居寺石经山顶石浮图铭并序》。塔身后壁镌刻唐开元二十八年（740年）王守泰撰写的《山顶石浮图后记》。塔北壁镌刻唐代吉逾等游石经山诗作6首，是云居寺留存年代最早的诗刻。

金仙公主塔（拍摄于2013年3月）

金仙公主塔旧影（关野贞拍摄于1918年至1920年间）

金仙公主塔塔门浮雕（关野贞拍摄于1918年至1920年间）

开元十年塔（拍摄于2015年4月）

唐开元十年（722年）建，位于北塔东北角，为笋状四面小石塔。坐南朝北，高约4米，方形密檐式。两层石板砌成塔座。塔身正面有方形龛门，门楣为拱券形，两旁各浮雕金刚力士像一尊，龛内正面雕有一佛二胁侍，左右两壁各浮雕供养人像一组。塔顶云头式刹座上安放葫芦形塔刹。塔檐六层，上下叠涩法组合而成，檐与檐之间用线条雕刻出象、鹿等动物形象，动物呈奔驰状，造型生动，极富于动感。密檐之间还雕有精美花纹图案。塔的东壁镌刻唐易州前遂城县书助教梁高望书的《大唐易州新安府折冲李公石浮图之铭》。

● **开元十年塔旧影**（关野贞拍摄于1918年至1920年间）

● **开元十年塔塔门**（关野贞拍摄于1918年至1920年间）

● **开元十年塔塔内一佛二胁侍浮雕**（拍摄于2015年4月）

● **开元十五年塔**（拍摄于2015年10月）

唐开元十五年（727年）建，位于北塔西南角，为笋状四面小石塔。坐北朝南，高约4米。塔座石砌。方形塔身正面有尖拱形塔门，门两侧浮雕各有金刚力士像一尊，像头部被毁。龛内正面浮雕佛像及胁侍像。塔身上部为石制六级密檐，石檐顶部为塔刹。塔檐每层为正反叠涩，从第二层开始，塔身向上层层收缩。塔顶置卷云刹座，上面葫芦式刹顶。塔身南壁镌刻唐太原王大悦撰写的《大唐云居寺石浮图铭并叙》。

开元十五年塔内浮雕（拍摄于2015年4月）

● **南台石塔**（拍摄于2015年4月）

唐代建筑，位于石经山南台顶。高约1.4米。石砌方形基座，塔身正面设拱形券门，门上方雕有门楣，门两旁雕有守卫金刚力士。佛龛上面刻有唐乾宁五年（898年）题记。塔身上方为石雕塔檐。

南台石塔旧影（关野贞拍摄于1918年至1920年间）

● **梦堂塔**（拍摄于2015年4月）

唐代建筑，原位于水头村南梦堂庵。新中国成立后，水头村村庄扩大，塔被民居包围在院中。1976年，云居寺文物保管所从水头村村民院内将梦堂塔移出，在云居寺北塔西侧矗立保存。塔为石筑，单层方形，高约1.6米。塔身正面设有方门，门上方雕有门楣。塔龛内雕刻一佛二胁侍，佛像完好。塔顶部为石雕塔檐。

● **梦堂塔**（拍摄于2015年4月）

● **梦堂塔旧影**（关野贞拍摄于1918年至1920年间）

● 梦堂塔内浮雕（拍摄于2015年4月）

辽塔

● **琬公塔**（拍摄于2015年4月）

原位于水头村香树庵后静琬法师塔院，1976年移入云居寺药师殿前。1999年，又将琬公塔从药师殿前移至石经地宫上方。静琬圆寂后，灵骨直到辽大安九年（1093年），才建此塔供奉。塔为石雕八角形三层密檐式，高约6米。方形塔基上方为八角形须弥座，须弥座的上、下枋各雕有两层仰俯莲花瓣。须弥座上面，置有一层八角形须弥座式塔座，塔座中间矗立着八角形塔身，塔身正面朝东，刻有《开山琬公之塔》塔铭。塔身上方为三层仿木石雕塔檐，檐与檐之间有石雕花饰，檐角与檐角之间雕有瓦垄、椽头，形象精巧。塔刹下面是一层八角形刹座，上面是一层仰莲，仰莲上置有覆钵式刹身，刹身正中立着七层相轮，相轮上是一层仰俯莲花瓣，花瓣之中安有葫芦形宝珠。

琬公塔（拍摄于2015年4月）

原位于水头村香树庵后静琬法师塔院的琬公塔（拍摄于1925年至1931年间，邓之诚收藏）

● 琬公塔侧照（拍摄于2015年4月）

● 琬公塔底座浮雕（拍摄于2015年4月）

● **续秘藏石经塔**（拍摄于2015年4月）

辽天庆八年（1118年）建，为八角十一重（今为九重）密檐汉白玉石塔。原位于南塔地穴上方，被称为“压经塔”。辽末再次续藏石经时，将塔移立于云居寺南塔西北角。1999年移至石经地宫顶部。塔通高5米，八角形须弥基座，须弥座束腰每面均雕刻门形浅龛，每个龛中浮雕均有一个歌舞伎，有的手持乐器弹唱；有的扬起长袖起舞。须弥座下枋每面，各雕刻一对狮子。须弥座上枋每面，各雕刻一位飞天或妙音鸟迦陵频伽，或双手合十，或手托供品并挥舞长长飘带，在天空中自由飘舞，造型优美。须弥座上方塔台，置有四层仰莲花瓣组成的莲花座，最上一层花瓣间，雕刻花蕊。莲花座中央，矗立八面形经幢式塔身，但无经文，周身竖刻辽天庆八年（1118年）《大辽涿州涿鹿山云居寺续秘藏石经塔记》。八角形碑身上，顶托汉白玉雕刻叠成的七层塔檐。第一层塔檐仿照砖、瓦和木结构雕刻，檐上的瓦垄、勾头、滴水、垂脊和檐下的椽子、角梁和斗拱等构件，惟妙惟肖，十分逼真。在七层密檐顶上，置有两层雕刻成卷云头式的刹托，今塔刹无存。

位于石经地宫顶部的续秘藏石经塔
（拍摄于2015年4月）

续秘藏石经塔旧影（山本照相馆拍摄于1920年前后）

● **续秘藏石经塔旧影**（法国人普意雅拍摄于1901年至1923年间）

续秘藏石经塔塔身（山本照相馆拍摄于1920年前后）

续秘藏石经塔塔身辽天庆八年（1118年）《大辽涿州涿鹿山云居寺续秘藏石经塔记》拓片

大遼涿州涿鹿山雲居寺續秘藏石經塔記　一㤗題沙門　志才　撰
古之碑者用木為之乃葬祭饗聘之際所植一大木而字从石者取其堅而久也後人銘
功其上不忍去之自秦漢已降生而有功德政事者亦碑之欲圖不朽易之以石雖失其
本從來尚之可廢焉噫秦焚書後聖人經典多刻貞石此類碑而已矣且　浮圖經
教來自西國梵文貝葉譯華言書之於竹帛或邪見而毀滅或瀑水而漂溺或兵火而
焚蕩或時久而蠹爛靴更印度求請與曲是教壞理隱行匹果虧群生蠢蠢盡陷苦途寧
可悲夫　有隋沙門靜琬深慮此事厲志發願於大業年中至涿鹿山以大藏經刻於
貞珉藏諸山竇大願不終而掩化門人導公儀公暹公法公師資相踵五代造經亦未滿
師願至　大遼留公法師奏　聞聖宗皇帝賜普度壇利錢續而又造次
興宗皇帝賜錢又造相國楊公遵勗梁公穎奏　聞道宗皇帝賜錢造經四十七帙
通前上石共計一百八十七帙已厝東峯七石室內見在大藏仍未及半有　故上人
通理大師緇林秀出名實俱高教風一扇草偃八宏其餘德業具載寶峯本寺遺行碑中
師因遊茲山寓宿其寺嘅石經未圓有續造之念興無緣慈為不請友至大安九年正月
一日遂於茲寺開放戒壇仕庶道俗入山受戒巨以數知海會之衆孰敢評之師之化緣
[illegible]春台得終羅所獲施錢乃萬餘鏹付門人見右街僧錄通慧圓照大師
善定校勘刻石石類印板背面俱用簡經兩紙至大安十年錢已費盡功且權止碑四千
八十片經四十四帙題名目錄具列如左未知後代誰更繼之又有門人講經沙門善銳
念　先師遺風不能續扇經碑未藏或有殘壞遂與定師共議募功至天慶七年於寺
內西南隅穿地為穴　道宗皇帝所辦石經大碑一百八十片通理大師所辦石

续秘藏石经塔浮雕（拍摄于2015年4月）

续秘藏石经塔飞天、狮子浮雕（拍摄于2015年4月）

● **南塔远影**（拍摄于1925年至1931年间，邓之诚收藏）

● **南塔旧影**（关野贞拍摄于1918年至1920年间）

释迦佛舍利塔，位于云居寺寺院南侧，又称南塔，辽天庆七年（1117年）寺僧绍坦等建。塔13层，高约60余尺，为砖筑八角形密檐式塔。南塔毁于日本侵华战争中，仅存塔基。《中国文化史迹解说》记载南塔："为砖筑十一层塔，立在外径五十二尺五寸五分的方坛上。其平面为八角形，高耸于八角基坛之上。基坛每面宽十三尺八寸五分，设有二层，每面各设两个佛龛，上层用斗拱承托栏杆。整体砖筑，装饰颇富丽。塔身下层在莲花座上，每面宽十一尺二寸五分，四面开拱门，四角的壁上，影作棂子窗。角上影作圆柱，以斗拱承托檐枋，其上悬挂着很多风铃。第二层以上，塔身急剧变短，用斗拱来承托檐枋，各层皆同。只是向上尺寸逐步减小，给人以稳定之感。各层屋顶皆葺瓦"。

2009年9月9日，开始复建南塔，2014年9月，南塔复建工程完工。

复建后的南塔（拍摄于2015年4月）

位于云居寺北塔院中，亦称舍利塔或罗汉塔，因塔身原涂有红色颜料，俗称“红塔”。北塔塔基为方形，通高30米，下部分为两层楼阁式结构，上半部分是喇嘛塔式结构，为多种塔形式的组合体，主体呈金刚宝座塔式的组合形式。北塔形式少见，体现不同朝代的建筑风格。

在须弥座之上建有砖雕式仿木斗拱，承托塔台。斗拱的拱眼壁上雕有兽头图案和顶礼膜拜的人物造型，具有典型辽代艺术风格。塔台之上，立有两层楼阁式塔身。塔身八角形，正面朝南。塔身的南、西、北、东四个方向，均开有一座拱券式塔门。

在楼阁式塔身上面，建有一层须弥座，须弥座的束腰中，每面用短柱隔成两个洞龛，转角处为宝瓶形立柱。须弥座上面建有3层八角形檐，檐上鼓形覆钵上立着九层圆锥形相轮。相轮之上是塔刹，刹身上置莲花形刹托宝珠形刹顶。根据形制分析，北塔莲花形刹托和刹顶为铜质。

北塔旧影
（山本照相馆拍摄于1920年前后）

北塔秋韵（摄于2012年）

北塔（拍摄于2016年4月）

北塔砖雕式仿木斗拱（拍摄于2015年4月）

● 北塔砖雕（摄于2015年）

辽代建筑，位于云居寺西北山顶。塔为砖砌八角形密檐式，高约9米。八角形须弥座上方，砖雕仰莲承托塔身。塔身四个正面设拱券门，四个侧面设假窗。塔身上方为五层叠涩密檐，密檐之上为宝珠刹顶。

老虎塔（拍摄于2015年4月）

老虎塔远景（拍摄于2015年4月）

老虎塔（拍摄于2015年4月）

清塔

三公塔（拍摄于2015年4月）

位于北塔北侧的土台下，由三座和尚塔组成。分别葬有云居寺重开山第二代住持圆通、云居寺重开山第三代住持了尘、云居寺重开山第三代住持云光。三塔排成一字形，坐西朝东，结构相同，均为砖石砌成的覆钵式塔，高约6米。方形基座上石雕须弥座，须弥座束腰部分雕刻双狮逐绣球。塔身上方由八角形砖雕须弥座承托十三重相轮和华盖。华盖上雕有龙饰。刹顶为华盖、宝珠。三座塔前面各供桌雕有龙、狮、虎、豹、鹿等动物图案。中间塔有“圆通广公和尚”刻字。

云光墓塔龛（拍摄于2015年4月）

云光墓塔（拍摄于2015年4月）

圆通墓塔龛（拍摄于2015年4月）

● **圆通墓塔**（拍摄于2015年4月）

了尘墓塔龛（拍摄于2015年4月）

了尘墓塔（拍摄于2015年4月）

三公塔浮雕（拍摄于2015年4月）

万人塔（拍摄于20世纪80年代）

位于云居寺西南约500米，为和尚骨灰塔。塔为砖砌覆钵式，高约13米。八角形须弥座承托鼓状覆钵体塔身，上方为砖砌十三重相轮，相轮上有钟形宝刹。塔造型与云居寺北塔的上半部分覆钵体相似，仅塔刹有别。塔基、塔身和相轮都留有小方口。根据塔的形制与建造用砖推测建于清代，亦有人考证为辽塔。

碑刻传奇

云居寺自隋代静琬镌刻石经，衣钵相传，成就佛家鸿篇，为世界留下丰厚文化遗产。千百年来，云居寺兴衰起伏、发展变化的过程，被众多碑铭题刻记入其中。经岁月风雨、社会变迁，许多碑铭题刻散佚，不知去向。新中国成立后，云居寺清理废墟，兴工重建，注重碑刻和文物的发掘、收集、整理、保护，云居寺再现碑廊满目。今存有各类碑铭题刻100余通（处），展示着云居寺丰厚的文化信息。其中，唐代碑刻之多为北京之最，北京现存最早的碑刻也在云居寺。

隋唐碑刻

此碑刻于隋朝，质地为青石，通高2.66米，共计340字。阴面刻篆书“隋刻千佛之碑”，碑身四面满雕小龛，内刻佛像千余尊，结跏趺坐式。碑阳中部刻有唐武德四年（621年）刊刻的题记，文字已漫漶不清，这种形式的碑刻在全国很少见。此碑出土于房山区窦店古城遗址，20世纪70年代移至云居寺。

贤劫千佛碑（拍摄于2015年4月）

唐武德八年（625年）
静琬刻经题记原石

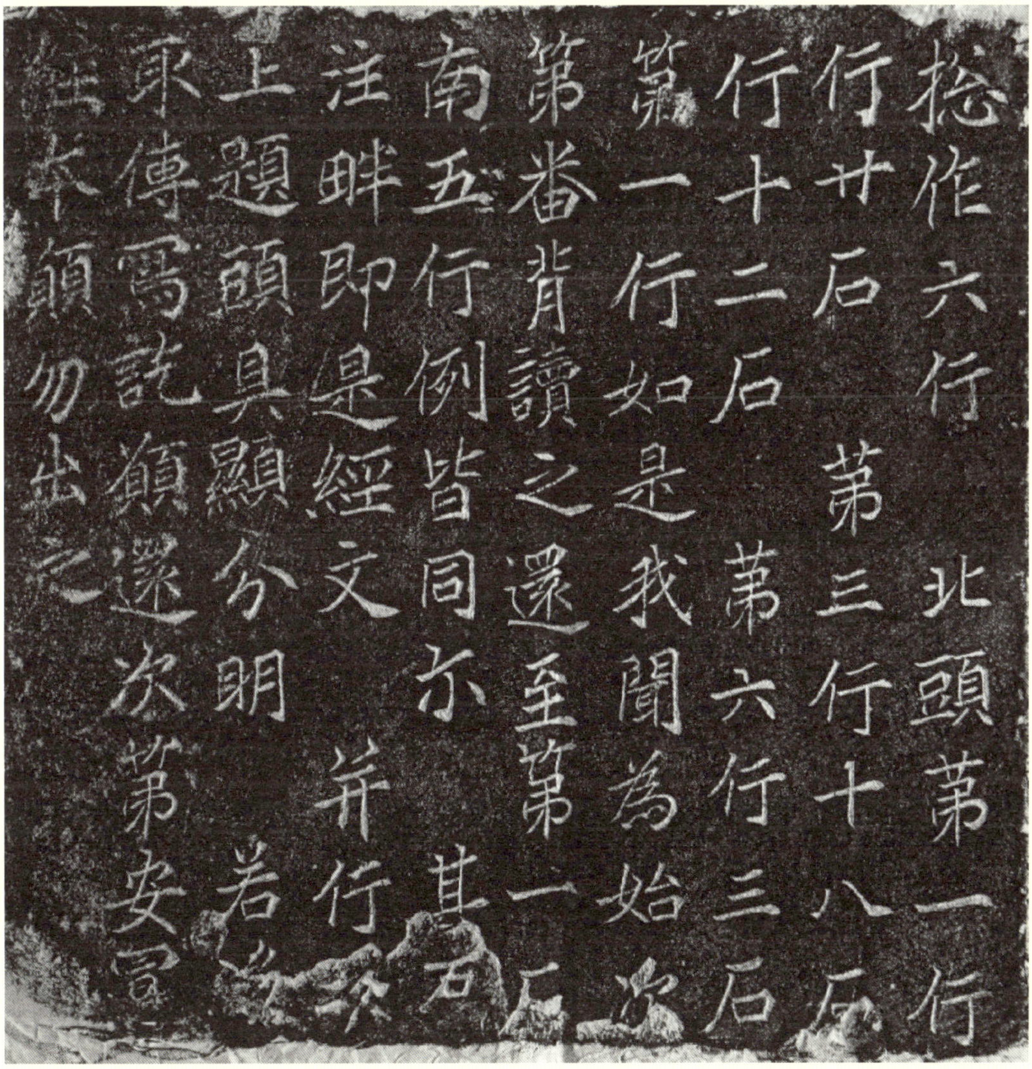

唐武德八年（625年）
静琬刻经题记拓片

此刻石1989年3月3日发现于雷音洞东南方石栏板下，今存云居寺敬畏千年房山石经展馆。青石质，已残，高32厘米，宽37厘米，厚10.5厘米。题刻楷书，阴阳两面刻文。阳面刻文12行，每行10字。阴面文字记载一部大经镌刻内容的次序。此刻石是静琬矢志刻经的最早文字记载。

唐贞观二年（628年）《静琬题刻》原石

唐贞观二年（628年）《静琬题刻》拓片

此刻石位于雷音洞门外左壁上侧，四周残缺，中断裂，青石质。刻石高42厘米，宽29厘米，厚24厘米。

● 唐贞观五年（631年）《涅槃经堂题刻》拓片

此题刻位于石经山藏经洞。青石质，已残。刻石高33厘米，宽78厘米。

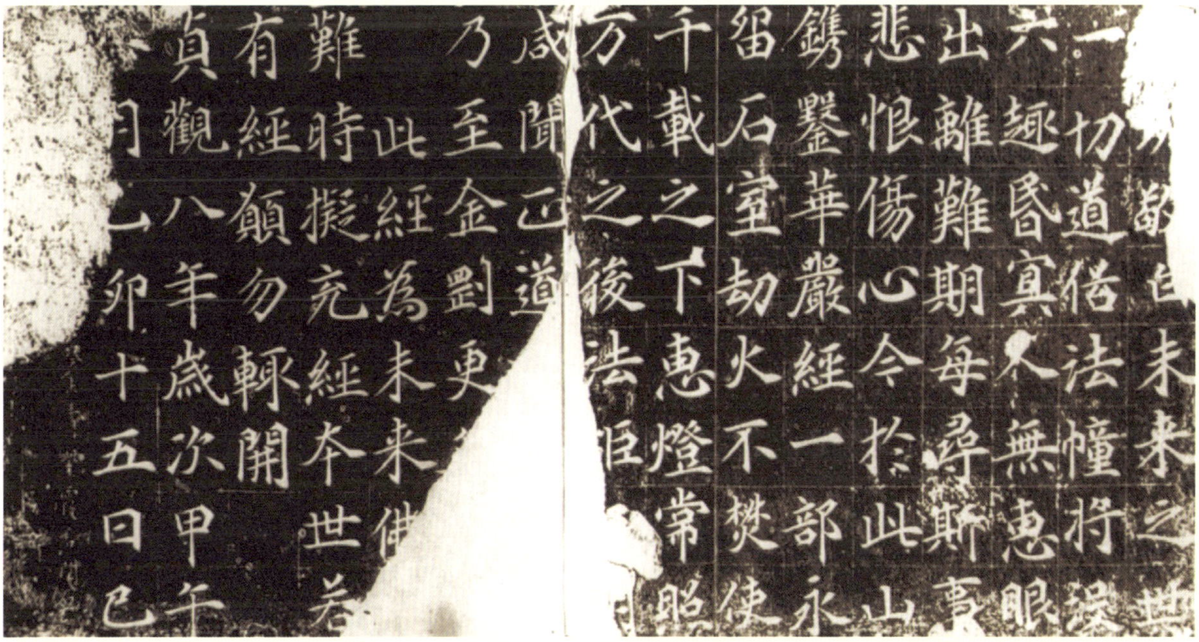

● 唐贞观八年（634年）《静琬镌华严经题记》拓片

此题记刻石原镶嵌于石经山第8洞洞门上方横梁中间，后残为两段。前段今存第8洞，后段存于旅顺博物馆。碑青石质，原高27厘米，宽57厘米。题记内容为华严经刊刻事，与第8洞内所藏华严经也完全一致。

● 唐总章二年（669年）《玄导刻经题记》原石

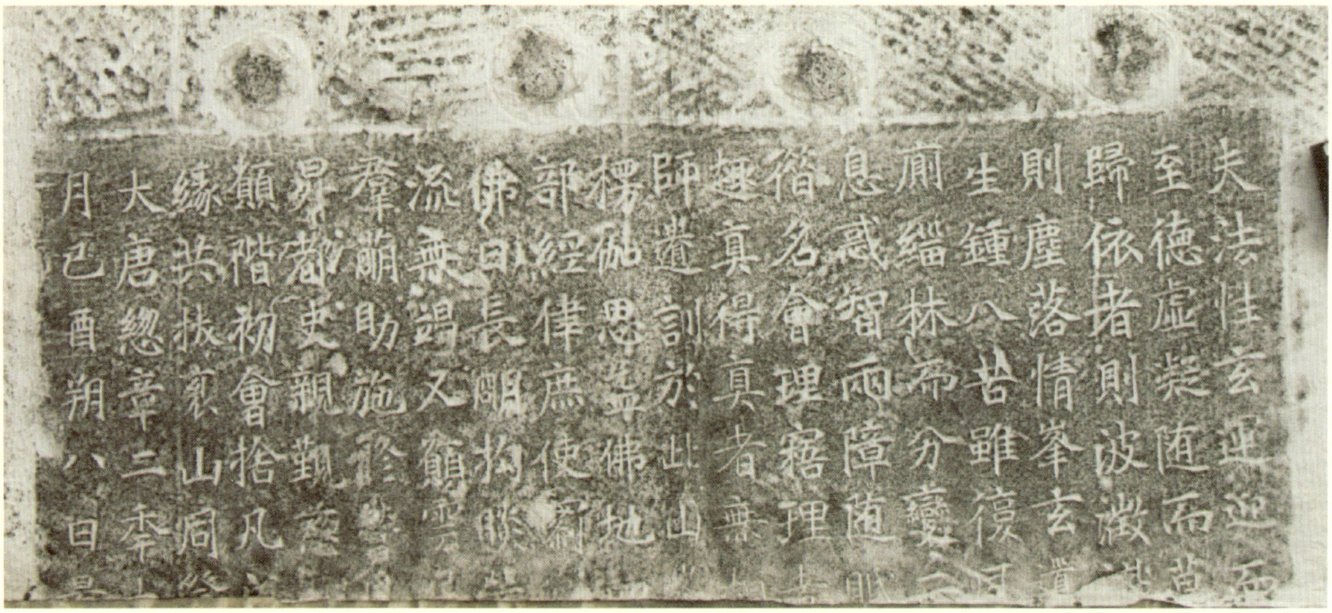

● 唐总章二年（669年）《玄导刻经题记》拓片

此题刻碑石位于雷音洞门楣上方。1957年在此处发现唐贞观八年（634年）《静琬镌华严经题记》，半年后剥去灰皮又发现此题刻，据石形及文字分析，似每行缺三字至五字。

唐武周时期（684—704年）宋小儿施刻《金刚般若波罗蜜经》碑

此碑矗立于雷音洞左侧，第6、7洞前。碑青石质，通高233厘米。

碑座侧面

● 宋小儿施刻《金刚般若波罗蜜经》碑的上半部分

（1920年前后，拍摄于选自《震旦旧迹图汇》）

宋小儿施刻《金刚般若波罗蜜经》碑文拓片

● 唐武周时期（684—704年）袁敬施刻《金刚般若波罗蜜经》碑（拍摄于2015年4月）

此碑立于石经山雷音洞左侧，第6、7洞前。碑青石质，通高241厘米。螭首与碑身一体，龛旁两侧刻“朝义郎行幽州范阳县令平舆县开国子袁敬一经之碑供养”，吴志顺撰文。碑身阳、阴刻北朝三藏法师鸠摩罗什奉诏译的《金刚般若波罗蜜经》，碑侧末刻唐三藏法师玄奘奉诏译的《般若波罗蜜多心经》。碑座刻有唐垂拱元年（685年）四月八日庞德相金刚般若经颂。

● 《金刚般若波罗蜜经》碑旧影（樱井一郎拍摄于1927年）

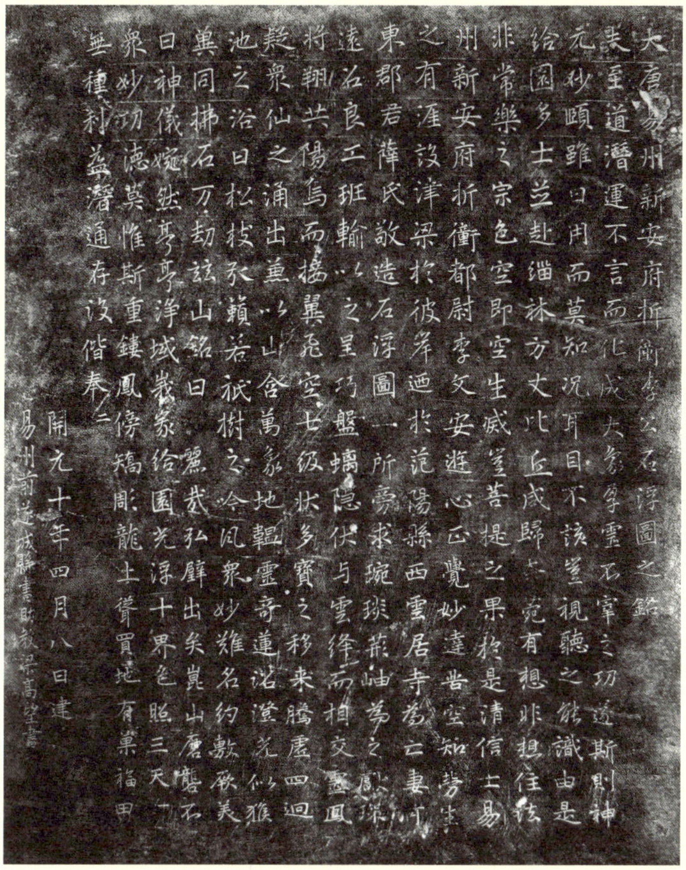

● 唐开元十年（722年）《大唐易州新安府折冲李公石浮图》拓片

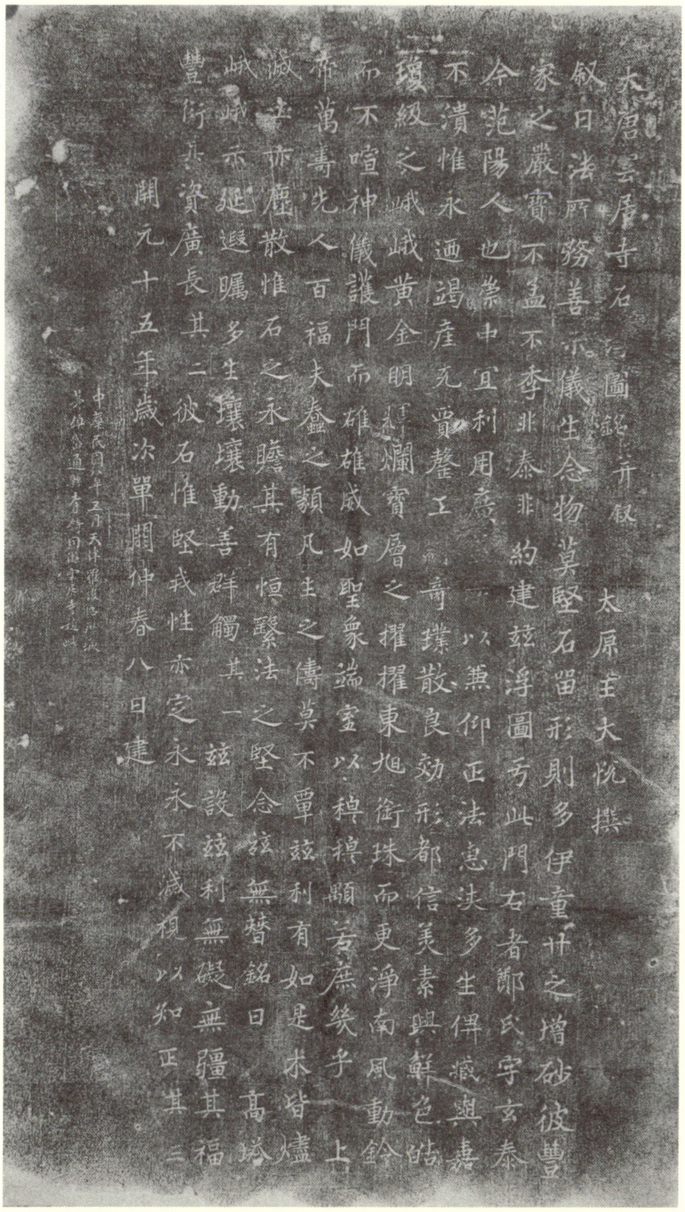

● 唐开元十五年（727年）《大唐云居寺石浮图铭并序》拓片

● 唐开元二十八年(740年)《山顶石浮图后记》（拍摄于2015年4月）

《山顶石浮图后记》镌刻在金仙公主塔后壁，《山顶石浮图后记》刻文之后，还刻有五行文字，为“磨碑寺四至”，从字迹上看，似非与上文出自一人之手、也非同时刻成。在《山顶石浮图后记》之后，还刻有唐吉逾等游山诗刻。

● 唐咸通八年（867年）《大唐云居寺故寺主律大德神道碑铭并序》（拍摄于2015年4月）

此碑原位于云居寺前杖引河东岸，1976年迁至寺内北塔西侧。碑螭首方座，首身一体。汉白玉石质。

辽金碑刻

辽统和二十三年（1005年）《重修云居寺一千人邑会之碑》原石与拓片
（拍摄于2015年4月）

此碑原立于云居寺前杖引河河西岸，民国初年，曾用于河边路面。1977年迁至寺内北塔西廊，原碑座已失，碑座后配。碑身完好，碑身高209厘米，宽103厘米，厚26厘米。碑为艾叶青石，首身一体，碑额篆书：重修云居寺一千人邑会之碑。

碑阳二文合刻，右刻为王正撰文《重修云居寺一千人邑会之碑》，碑文约占碑面三分之二；左刻无碍大师弟子智光撰《重镌云居寺碑记》，碑文约占碑面三分之一。碑阴刻千人邑首和邑众及僧人题名。

● 辽清宁四年（1058年）《涿州白带山云居寺东峰续镌成四大部经记》原石与拓片
（拍摄于2015年4月）

此碑位于石经山第6洞前，方首抹角，首身一体，青石质。碑身高286厘米，宽103厘米，厚26厘米，后配碑座。全碑正书竖刻书法峭拔。碑额分四行右起竖刻“四大部经成就碑记”，有学者认为，此碑可能在辽大康六年（1080年）重刊。

● 琬公塔（关野贞拍摄于1918年至1920年期间）

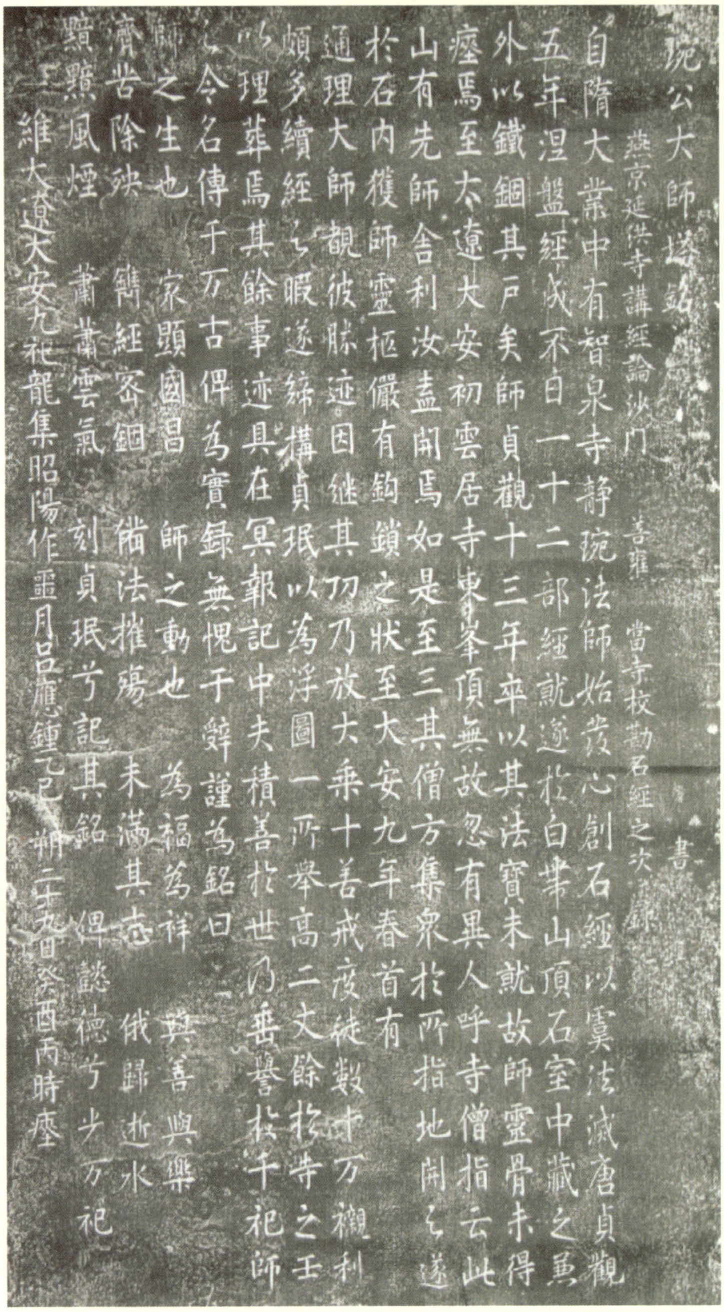

琬公大師塔銘
燕京延洪寺講經論沙門　善𤧦　當寺校勘石經之次　書
自隋大業中有智泉寺靜琬法師始發心創石經以冀法滅唐貞觀
五年涅槃經成不白一十二部經就遂於白帶山頂石室中藏之焉
外以鐵錮其户矣師貞觀十三年卒以其法寶未就故師靈骨未得
瘞焉至太遼大安初雲居寺東峯頂無故忽有異人呼寺僧指云此
山有先師舍利汝盍開焉如是至三其僧方集衆於所指地開之遂
於石内獲師靈柩儼有鈎鎖之狀至大安九年春首有
通理大師覩彼脉迹因繼其功乃放大乘十善戒度徒數十万襯利
頗多續經之暇遂締構貞珉以為浮圖一所舉高二丈餘於寺之壬
地理葬焉其餘事迹具在冥報記中夫積善於世乃垂譽於千祀師
之令名傳于万古俾為實録無愧于辭謹為銘曰
師之生也　家顯國昌　師之動也　為福為祥　與善與樂
濟苦除殃　鐫經寄錮　儲法推殤　未滿其志　俄歸逝水
寶顯風煙　蕭蕭雲氣　刻貞珉兮記其銘　俾懿德兮步万祀
維大遼大安九祀龍集昭陽作噩月呂應鍾乙巳朔二十九日癸酉丙時瘞

● 《琬公大师塔铭》拓片

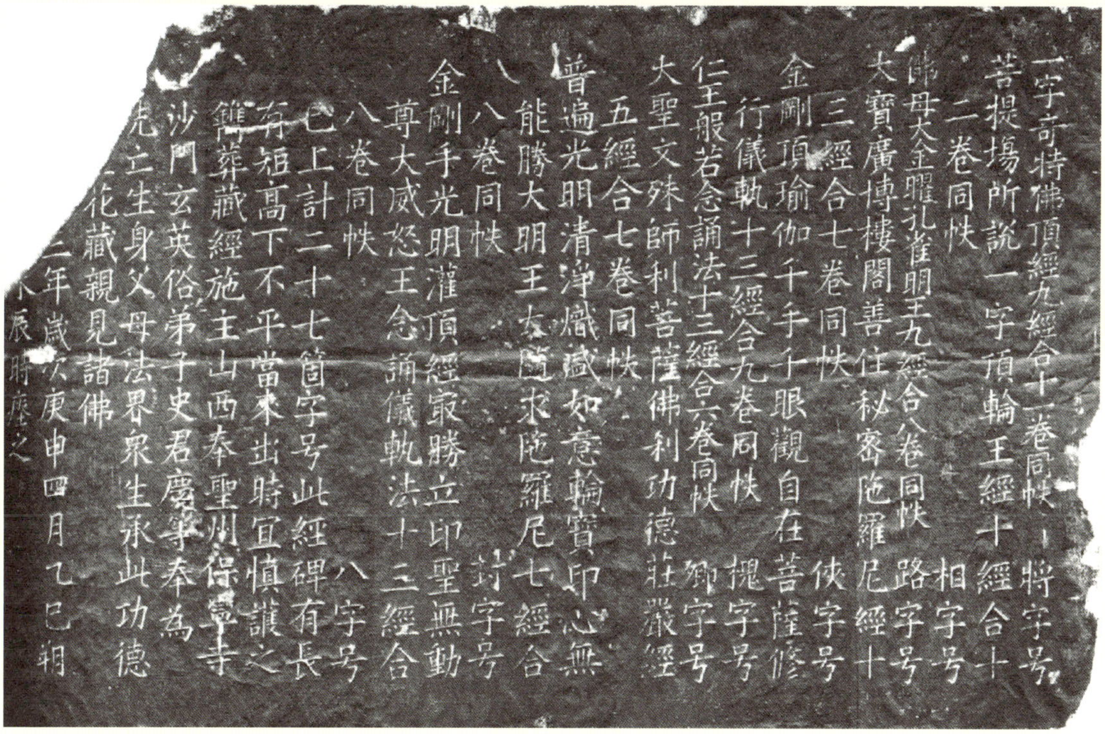

● 金天眷三年（1140年）《云居寺镌葬藏经总经题字号目录》原石与拓片
（拍摄于2007年5月）

此碑长方形，高42厘米，宽72厘米 ，厚6厘米，左上角残缺，双面刻。1987年8月7日，清理行宫院遗址出土此碑，现于云居寺敬畏千年房山石经展馆展出。

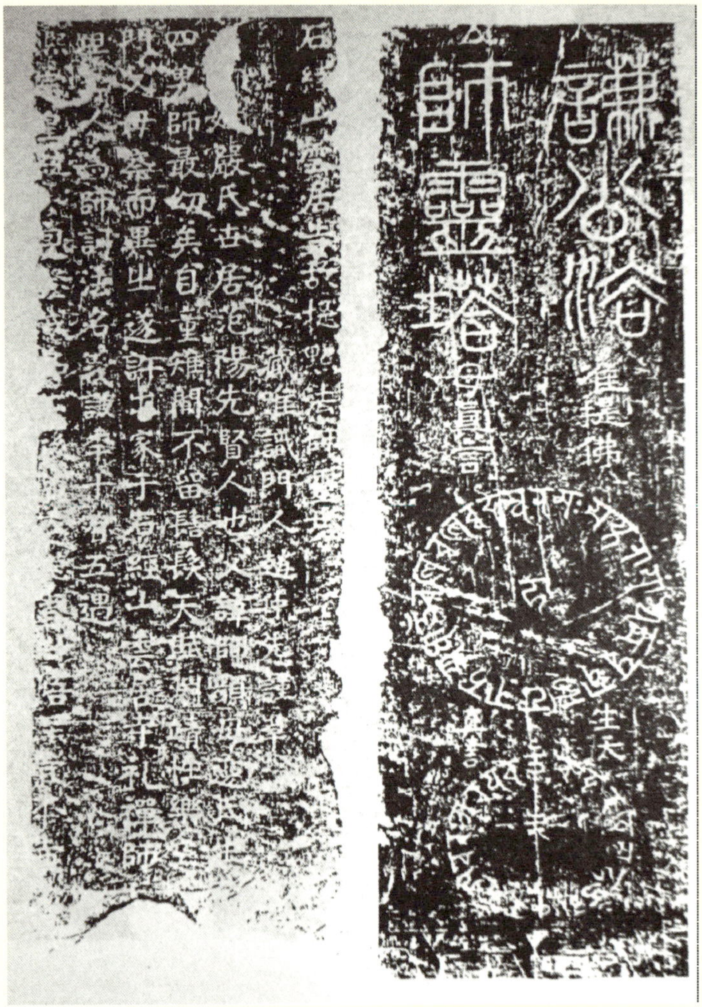

金泰和元年（1201年）《石经山云居寺故提点谦公法师塔铭》拓片

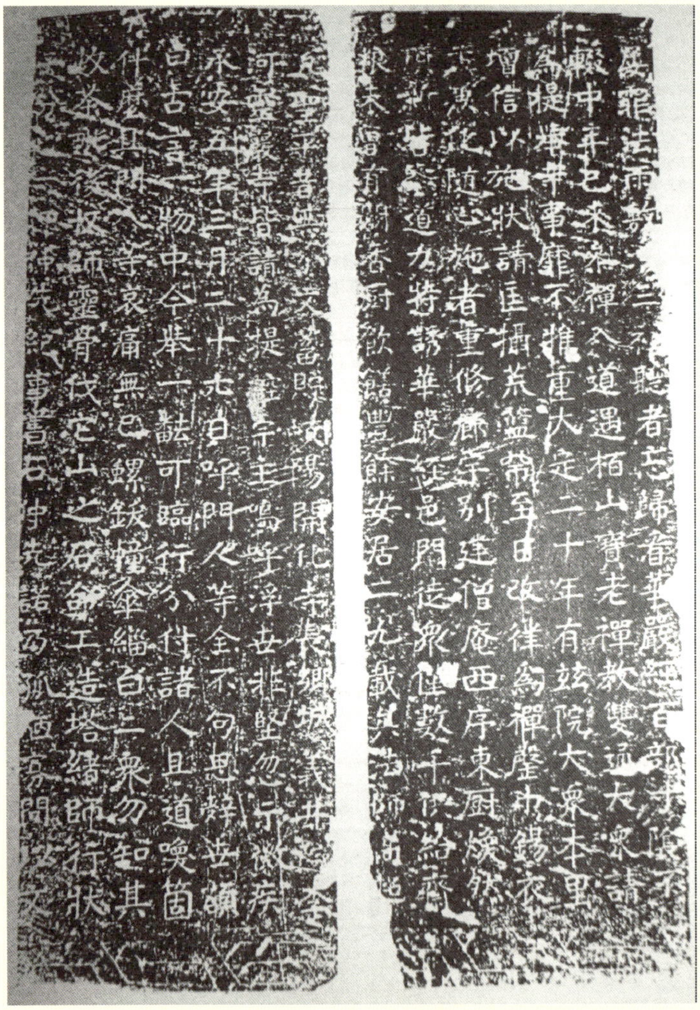

碑佚。国家图书馆金石组存有清代拓本，共六轴，每轴拓片高75厘米，宽22厘米。

元明碑刻

● 元至元二年（1265年）《大都房山县小西天石经山云居禅寺藏经记》原石与拓片（拍摄于2015年4月）

此碑原位于云居寺前杖引河东岸田地中，1976年迁至寺内北塔西侧。青石质，螭首龟趺，首身一体，碑身高220厘米，宽106厘米，厚30厘米。

● 元至正元年（1341年）《重修华严堂经本记》原石与拓片（拍摄于2007年5月）

1956年中国佛教协会组织人员在石经山拓经时，此碑尚存放第7洞洞门上方。1991年12月2日在小西天施茶亭下山壑中发现此碑残石，今存于云居寺，但碑上文字缺失较多。

● 明永乐十四年（1416年）雷音洞题记拓片

此题记刻于雷音洞门楣上方崖壁，曾被白灰覆盖。1989年3月，修缮雷音洞时铲去白灰，发现此题记。

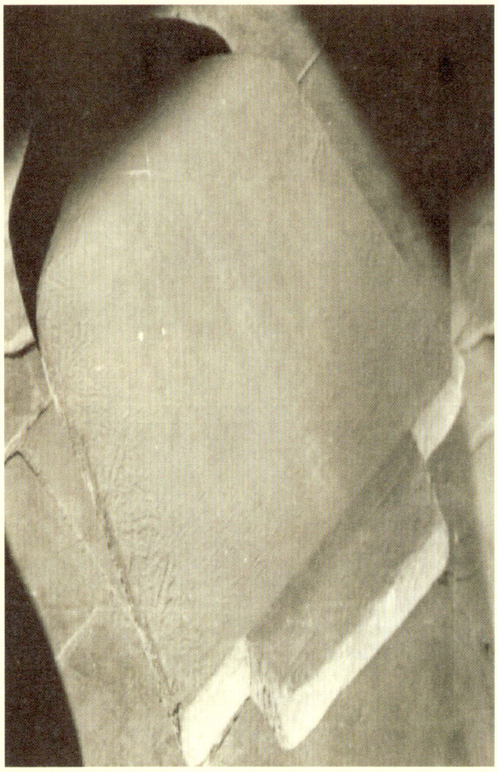

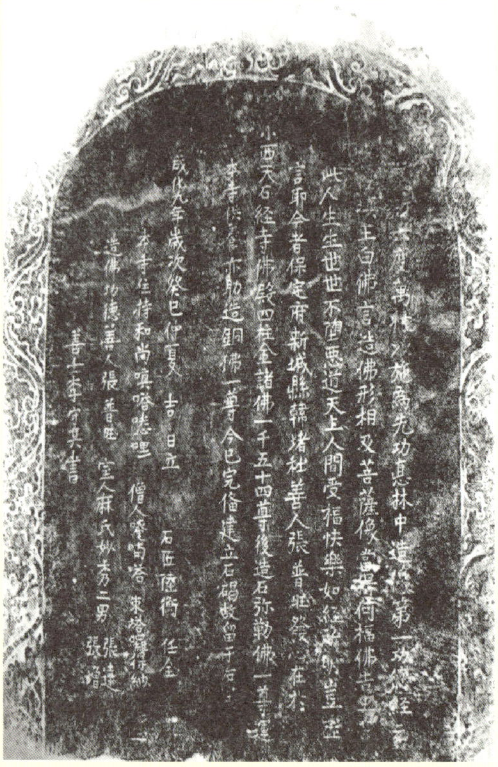

● 明成化九年（1473年）《造石弥勒题记》原石与拓片（拍摄于2006年3月）

此碑嵌于雷音洞外壁。碑圆首，首身四周雕花纹。碑高67厘米，宽55厘米。

● 明万历二十年（1592年）《复涿州石经山琬公塔院记》原石与拓片（碑拍摄于2008年10月）

此碑原在水头村，1976年随琬公塔一并移至云居寺，今立于云居寺地宫上琬公塔旁。碑青石质，螭首方座，首身一体，碑身高211厘米，宽110厘米，厚32厘米。碑座上雕有二龙戏珠、灵芝、海水江涯、流云等图案。

明万历二十四年（1596年）《石经寺施茶碑记》（拍摄于2008年10月）

此碑位于施茶亭院内，碑方首雕祥云。碑身高124厘米，宽80厘米，厚14厘米。

明天启三年（1623年）《小西天施茶亭新建石记》（拍摄于2015年8月）

此碑今立于施茶亭院内。方首方座，青白石质。碑身高124厘米，宽80厘米，厚15厘米。

● 明崇祯四年（1631年）董其昌书“宝藏”刻石拓片

“宝藏”石刻嵌于石经山第6洞窗上，形制为长方形，高45厘米，宽96厘米，厚11厘米。明崇祯四年（1631年）三月四日，董其昌携友人游览云居寺及石经山时，题写“宝藏”二字。

寶

清代碑刻

清康熙十一年（1672年）《重修石经山香树庵碑记》原石与拓片（拍摄于2008年）

此碑位于水头村香树庵遗址，方首圆角，雕二龙戏珠图案，方座，碑身四周雕有花纹，青石质。碑身高128厘米，宽78厘米，厚17厘米。

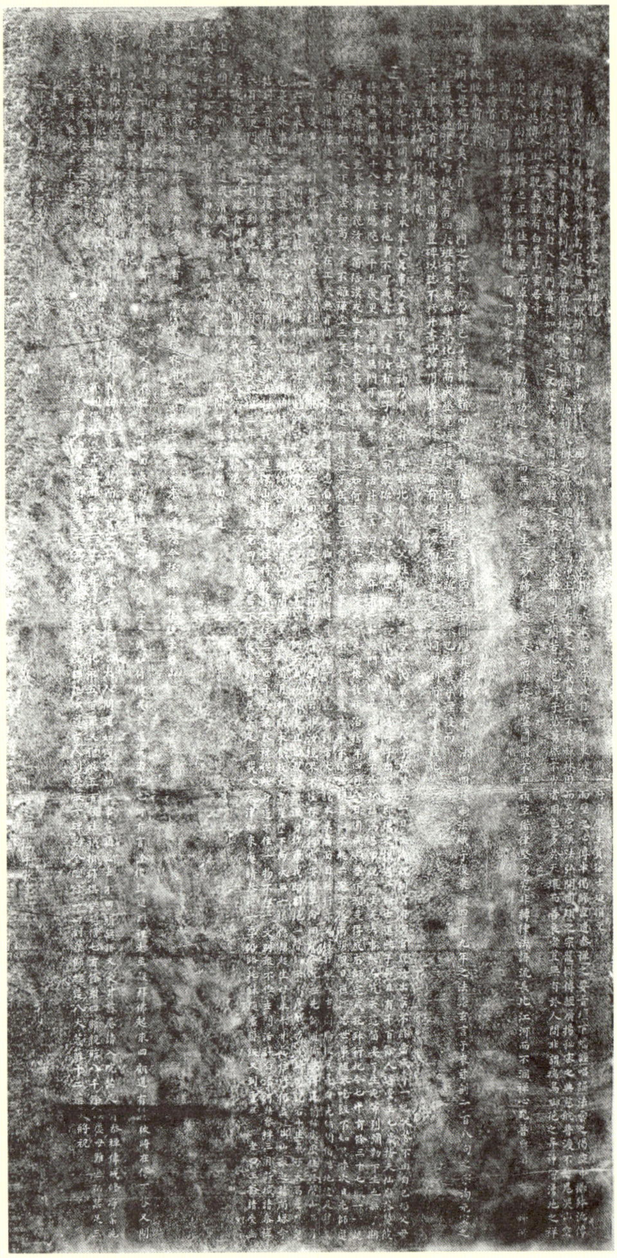

● 清康熙三十七年（1698年）《范阳郡白带山云居寺溟波和尚碑记》原石与拓片
（拍摄于2008年10月）

此碑位于云居寺毗卢殿右侧。白石质，螭首趺座，首身一体。碑身高253厘米，宽115厘米，厚46厘米。碑文为楷书，刻文38行1868字。

● 清康熙三十七年（1698年）《重修范阳白带山云居寺碑记》原石与拓片
（拍摄于2008年10月）

此碑位于云居寺毗卢殿左侧，碑为青石质，螭首趺座，首身一体。碑身高235厘米，宽118厘米，厚46厘米。碑文楷书，共602字。

碑阳

碑阴

碑首

清乾隆八年（1743年）《云居寺大悲殿记》碑原石

（拍摄于2015年4月）

此碑立于大悲殿前。方首圆角，青石质，碑残，多处修补。碑文楷书，共383字，主要记述云居寺自隋朝至清朝有千年历史。民国37年（1948年）《白带山志》载有此碑碑文。碑阴有清云居寺重开山第五代住持恒朗拓摹明董其昌“宝藏”勒石及恒朗《重镌小西天宝藏磨崖》诗作刻石。

碑阴碑刻

清乾隆十一年（1746年）《西峪大云居寺了尘福禅师塔铭》碑
（拍摄于2015年4月）

此碑铭立于三公塔院东墙外，螭首方座，青石质。碑身高183厘米，宽82厘米，厚18厘米。

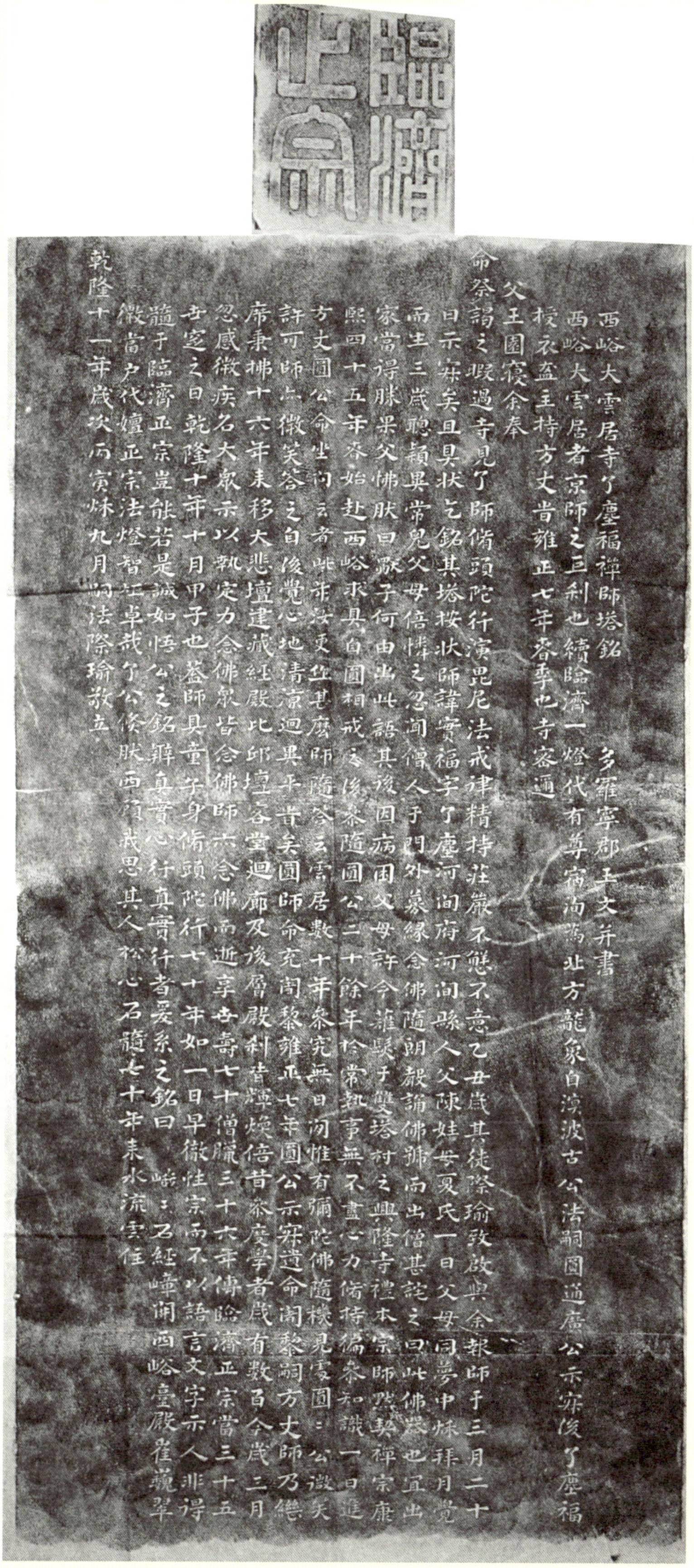

《西峪大云居寺了尘福禅师塔铭》拓片

清乾隆十八年（1753年）《永传香火碑记》原石与拓片（拍摄于2015年4月）

此碑嵌于释迦殿南配殿外廊西墙壁。青白石质，方首雕祥云。碑身高85厘米，宽65厘米。

● 清乾隆四十三年（1778年）《西域云居寺第四世万安瑜公和尚塔铭》碑原石与拓片

（拍摄于2015年4月）

此碑位于云居寺东塔院，螭首方座，首身一体，白石质。碑身高198厘米，宽80厘米，厚28厘米。

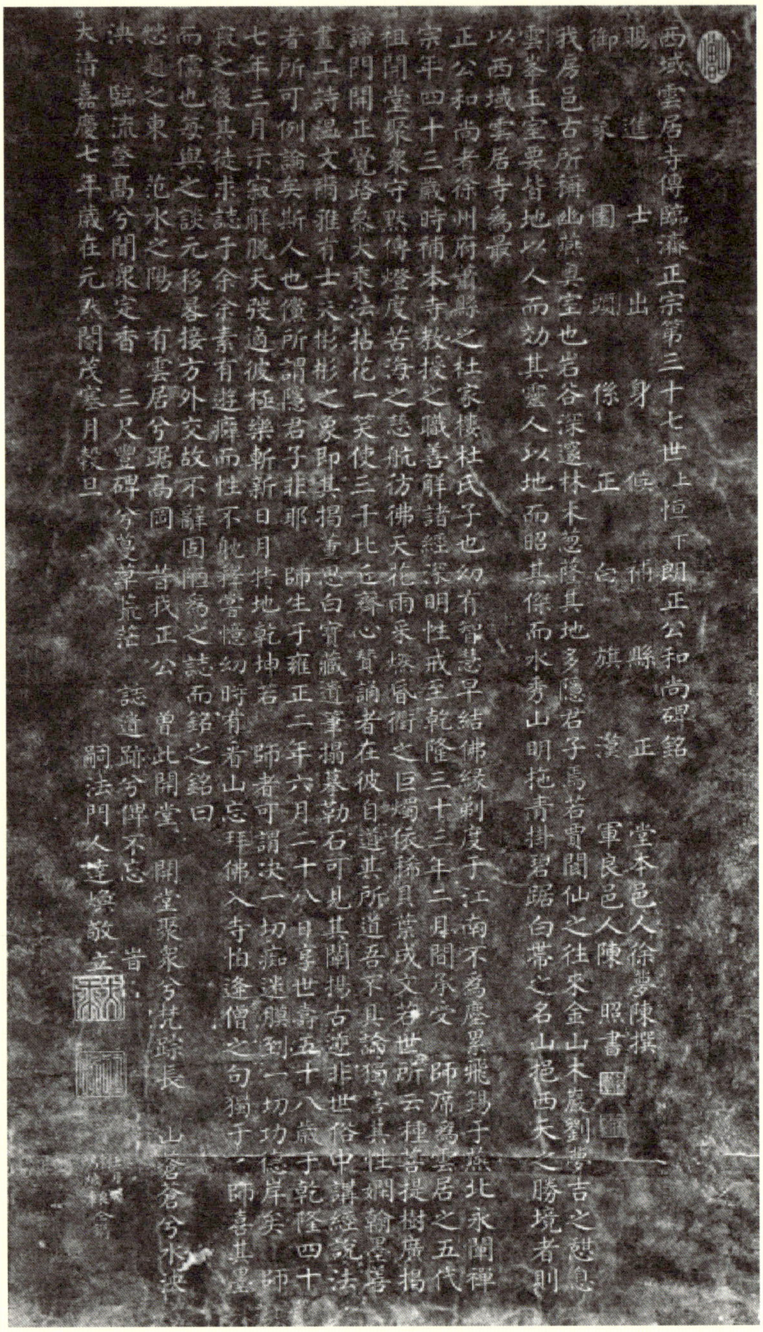

清嘉庆七年（1802年）《恒朗正公和尚碑铭》原碑与拓片（拍摄于2015年4月）

此碑位于云居寺东塔院。白石质，螭首方座。碑身高201厘米，宽86厘米，厚28厘米。

清嘉庆十四年（1809年）《云居寺御赐稻田碑》和清道光三年（1823年）《檀波记碑》（拍摄于2015年4月）

此碑位于祖师殿前。方首圆角，首身一体，青石质。碑身高98厘米，宽63厘米，厚18厘米。碑阳为清嘉庆十四年（1809年）《云居寺御赐稻田碑》碑文，碑阴为清道光三年（1823年）《檀波记碑》碑文，碑座阳面、阴面均刻海水江涯、流云，左侧刻梅花，右侧刻莲花。

碑阴《檀波记碑》拓片

碑座浮雕

● **御碑亭**（拍摄于2015年4月）

弥陀殿院内御碑亭，亭内立清嘉庆十四年（1809年）《云居寺瞻礼二十韵》和清嘉庆十八年（1813年）《御制再游云居寺诗》碑青石质，卧式。碑首为僧帽顶，雕有二龙戏珠。诗作者为爱新觉罗·颙琰（1760—1820年），清仁宗皇帝。碑阳《云居寺瞻礼二十韵》作于清嘉庆十四年（1809年），为嘉庆皇帝第一次游云居寺所作。碑阴《御制再游云居寺诗》，作于嘉庆十八年（1813年），为嘉庆皇帝第二次游云居寺所作。新中国成立前碑亭被毁，1999年在弥陀殿院内重建碑亭，移入石碑。新碑亭与已毁碑亭形制有所不同。

碑阳《云居寺瞻礼二十韵》碑与拓片（拍摄于2015年4月）

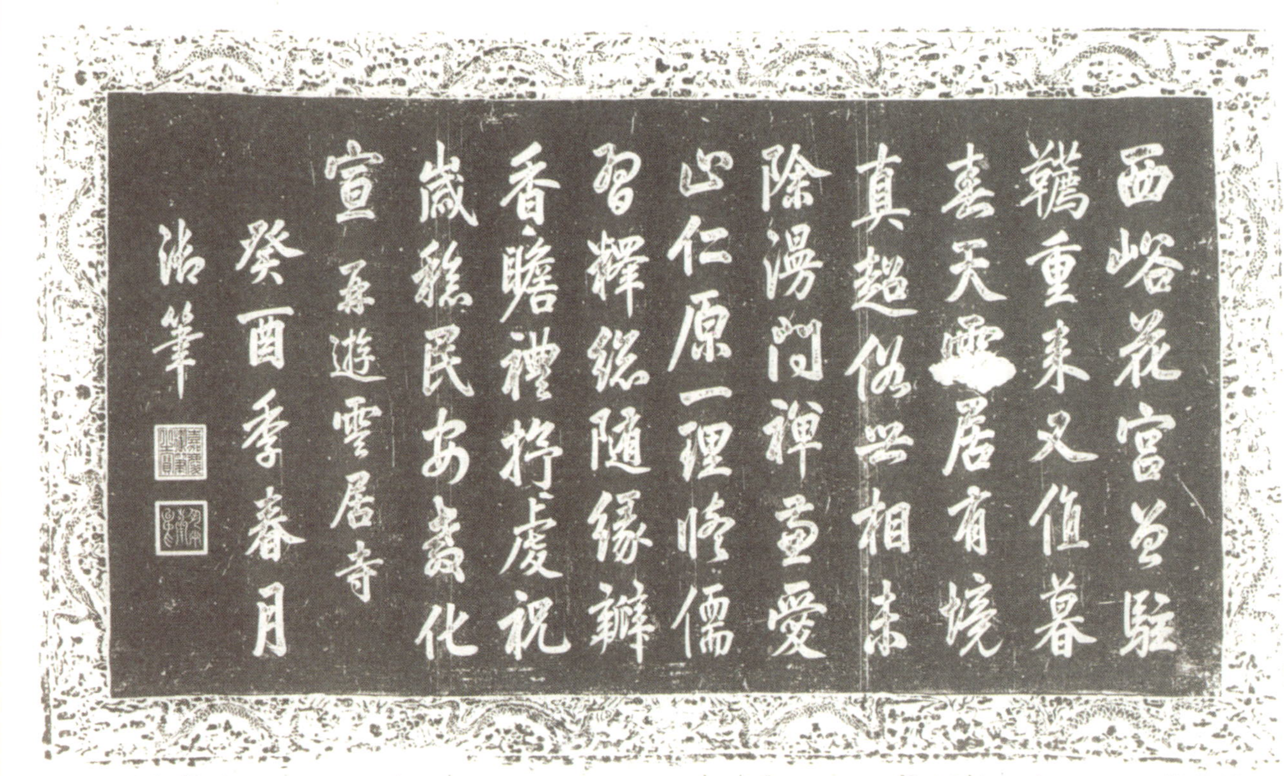

碑阴《御制再游云居寺诗》碑与拓片（拍摄于2015年4月）

● **御碑亭旧照**（拍摄于1920年前后，选自《震旦旧迹图汇》）

游客参观御碑亭（拍摄于2013年4月）

鼓東來永固雲居古刹

中华民国碑刻

● 民国五年（1916年）《朝山进香碑记》碑
（拍摄于2015年4月）

此碑位于毗卢殿北侧。青石质地，方首圆角方座，雕海水江涯、流云。碑身高100厘米，宽63厘米，厚17厘米。

● 民国十三年（1924年）《慈霞照公老和尚塔铭》碑与碑首
（拍摄于2015年4月）

此碑位于云居寺东塔院。螭首方座，白石质。碑身高230厘米，宽86厘米，厚30厘米。碑阴为嗣法门人的题名。

● 民国十三年（1924年）《保泰澄公老和尚塔铭》碑
（拍摄于2014年8月）

此碑位于云居寺东塔院。螭首方座，白石质。碑身高207厘米，宽80厘米，厚22厘米。

● 唐太极塔东壁刻有陈兴亚《石经始愿记》
（小川茂树拍摄于1934年9月）

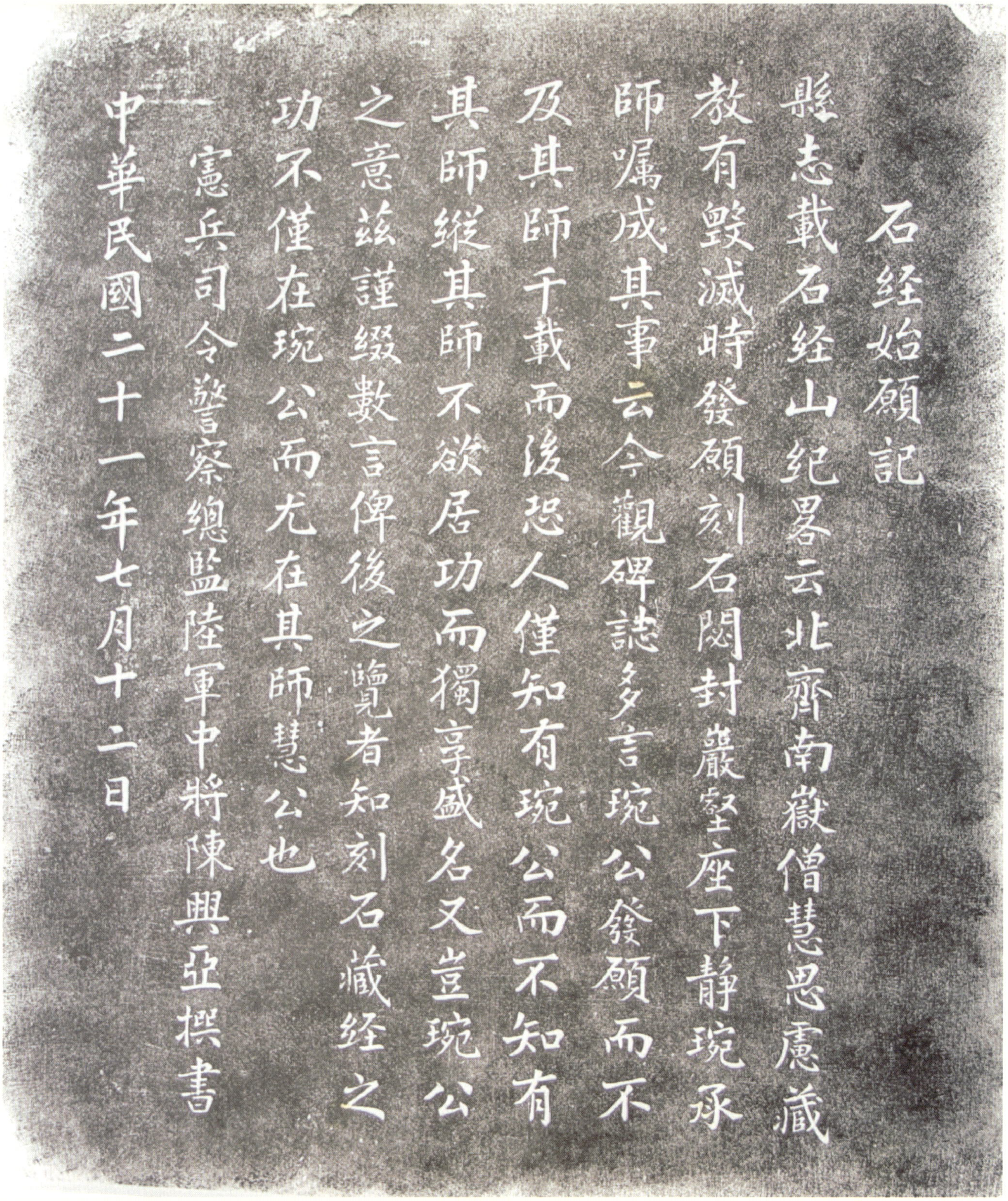

石经始願記

縣志載石经山紀畧云北齊南嶽僧慧思慮藏教有毁滅時發願刻石閟封巖壑座下静琬承師囑成其事云今觀碑誌多言琬公發願而不及其師千載而後恐人僅知有琬公而不知有其師縱其師不欲居功而獨享盛名又豈琬公之意兹謹綴數言俾後之覽者知刻石藏经之功不僅在琬公而尤在其師慧公也

憲兵司令警察總監陸軍中將陳興亞撰書

中華民國二十一年七月十二日

民国二十一年（1932年）陈兴亚《石经始愿记》拓片

佛教圣物

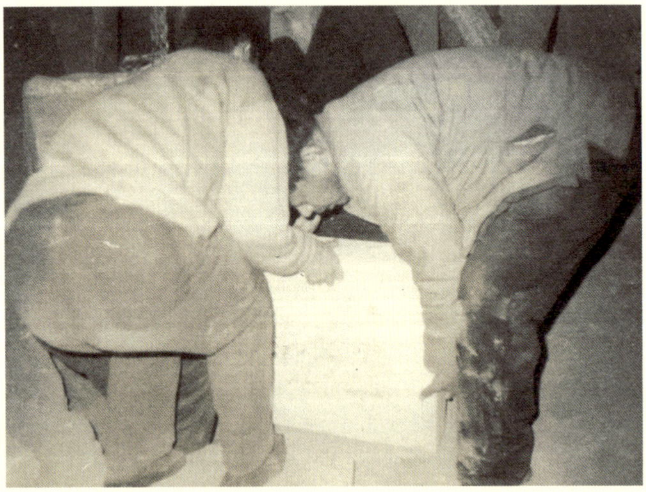

1981年佛舍利发掘现场

明万历二十年（1592年）五月十二日，五台山禅师达观真可携侍者道开、如奇，太仆徐琰等，至石经山雷音洞，见窟中像设拥蔽、石经薄蚀，因命东云居寺住持明亮芟刈之。翌日启洞中拜石，石下有穴，穴藏石函，纵横一尺，面刻："大隋大业十二年岁次丙子四月丁巳朔八日甲子，于此函内安置佛舍利三粒，愿住持永劫。"计36字，内贮灵骨四五升，状如石髓，异香馥郁。中有银函方寸许，中盛小金函半寸许，中贮小金瓶如胡豆粒，中安佛舍利三颗，如粟米，颜红色，如金刚。达观真可发现后，请奏圣母皇太后。太后欣然喜，斋宿三日。六月迎入慈宁宫供养三日，仍于小金函外加小玉函，玉函复加小金函，方一寸许，坐银函内，以为庄严。出帑银五十两，乃造大石函总包藏之。于万历二十年壬辰八月戊子朔二十日丁未，复安置石穴。愿住持永劫，生生世世，缘会再睹。命沙门德清记其事。

1981年11月27日，北京市房山云居寺文物保管所的工作人员清理维修石经山雷音洞地面时，在原佛座后面地下5厘米处，发现一方石，下有竖穴，内存石函、银函、玉函，以函套函的方式加以密封，共5个函，五号函内置2粒乳白色如小米粒般大小的佛舍利，旁边有珍珠2粒。

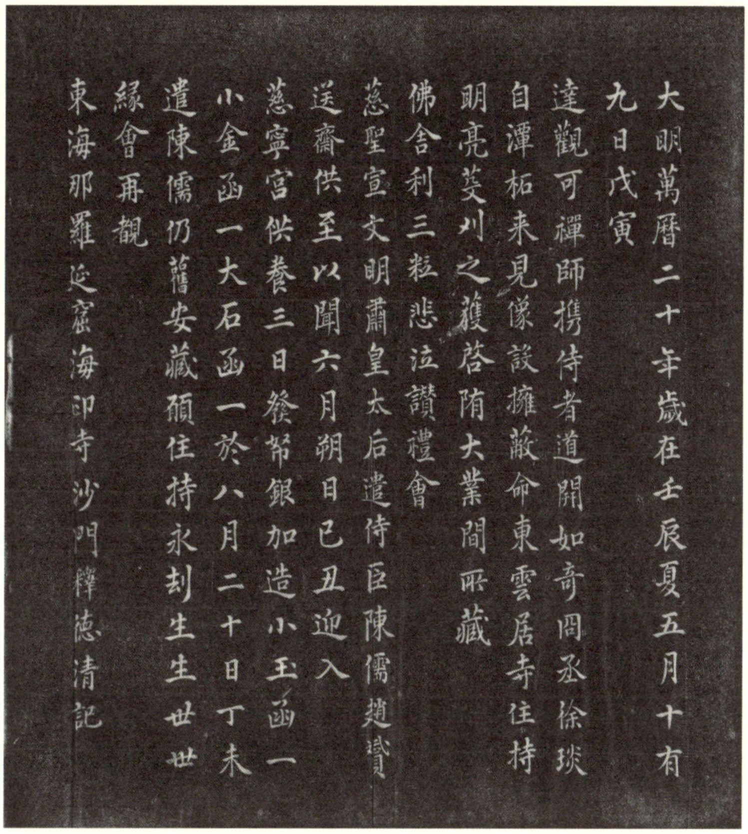

大明萬曆二十年歲在壬辰夏五月十有
九日戊寅
達觀可禪師携侍者道開如奇同丞徐琰
自潭柘来見像設擁蔽命東雲居寺住持
明亮芟刈之獲啓隋大業間所藏
佛舍利三粒悲泣讚禮會
慈聖宣文明肅皇太后遣侍臣陳儒趙賢
送齋供至以聞六月朔日已丑迎入
慈寧宫供養三日發帑銀加造小玉函一
小金函一大石函一於八月二十日丁未
遣陳儒仍舊安藏願住持永劫生生世世
緣會再覩
東海那羅延窟海印寺沙門釋德清記

一号汉白玉大石函。长宽各49厘米，通高50.8厘米。函盖上刻有铭文172个字。函盖内还刻有83个字的愿偈一则。

一号汉白玉石函与石函文字拓片

● 二号青石函

● 二号青石函函盖铭文

二号青石函比一号石函略小。长宽各30厘米，通高24厘米。函盖上分6行刻有36字铭文。

三号汉白玉函。长宽各13.2厘米，通高13厘米。上部楔状抽屉盖，中间刻“佛舍利”以及上下款共26字。

● 三号汉白玉石函

● 三号汉白玉石函上部铭文拓片

四号镀金银函

莲花花纹

青龙

白虎

朱雀

玄武

四号镀金银函。盝顶盒状，长宽各3.85厘米，高5厘米，顶部有莲花，四坡中部饰莲花，两侧为忍冬草花纹。函体四周有青龙、白虎、朱雀、玄武4种线刻图案，周边饰莲花及忍冬草。

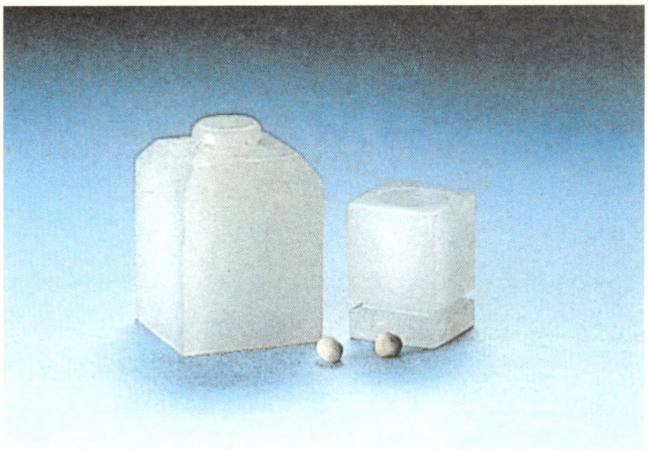

五号白玉函与佛舍利

五号白玉函。长宽各1.2厘米，高1.7厘米，内置2粒乳白色、如小米粒般大小的佛舍利，旁边有珍珠2粒。

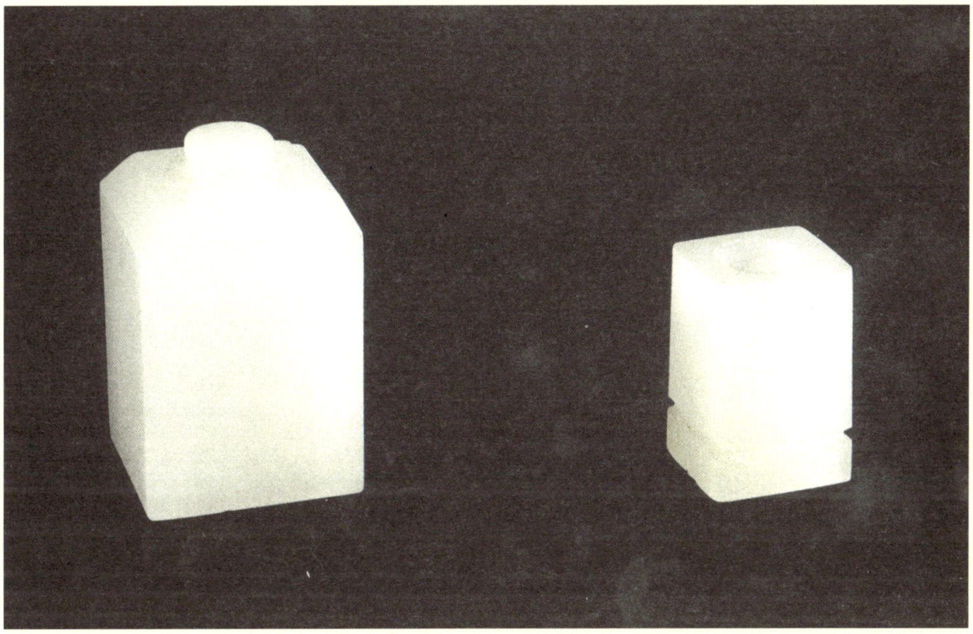

五号白玉函

佛舍利

云居寺纸经库一角（拍摄于2001年）

● **纸经**（拍摄于2001年）

1967年10月，北京市文物工作队将房山县上方山兜率寺所藏明代纸经及其他附属文物运到北京孔庙保存。1980年底，在孔庙保存的上方山12000卷纸经和北京市文物工作队在孔庙库房内的纸本经卷均移交云居寺文物保管所保管，共有纸经22000卷，大多为明代刻印本和手抄本，包括明《南藏》、明《北藏》、单刻佛经、藏文经卷、藏汉合璧经卷、手写佛经和残经卷7790卷。其中，明《南藏》3000余卷，明《北藏》7000余卷。手写佛经，最早写于明弘治十七年（1504年）；藏文经卷，共4种近千卷，属于早期藏文印刷品之列。纸经中的藏汉合璧经卷，为配合藏文书写方式横排汉字，开创中国汉字横排先河，是中国第一部横版汉文经书。纸经中的《大方广佛华严经》，为妙莲寺比丘祖慧在明崇祯十三年（1640年）刺舌尖血书写的经书，共80卷，60万字。

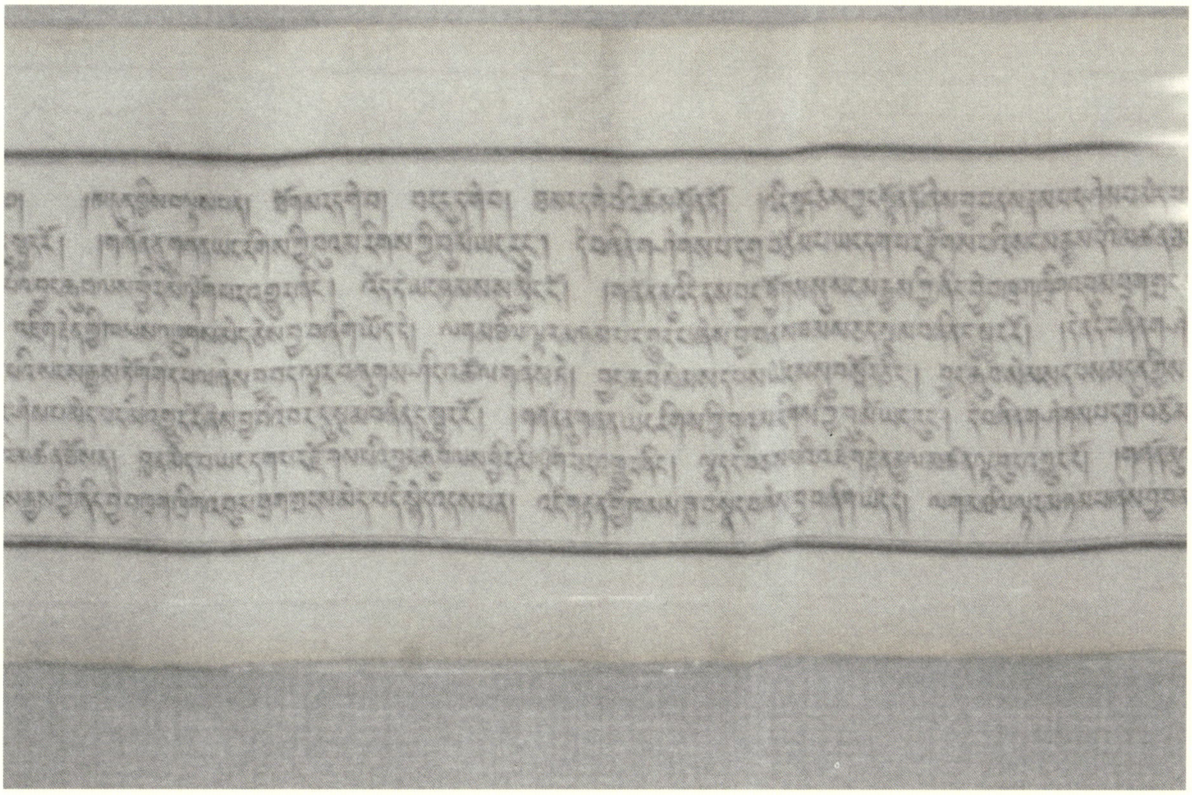

纸经（拍摄于2015年）

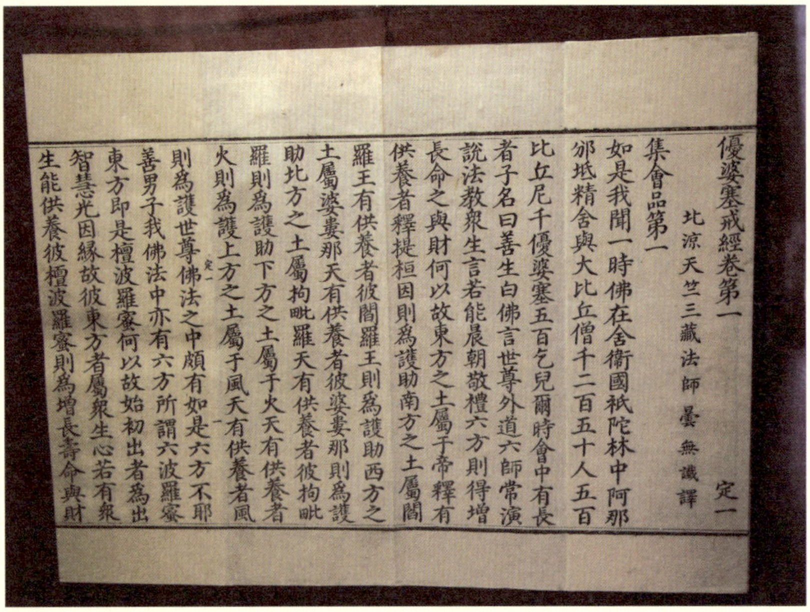

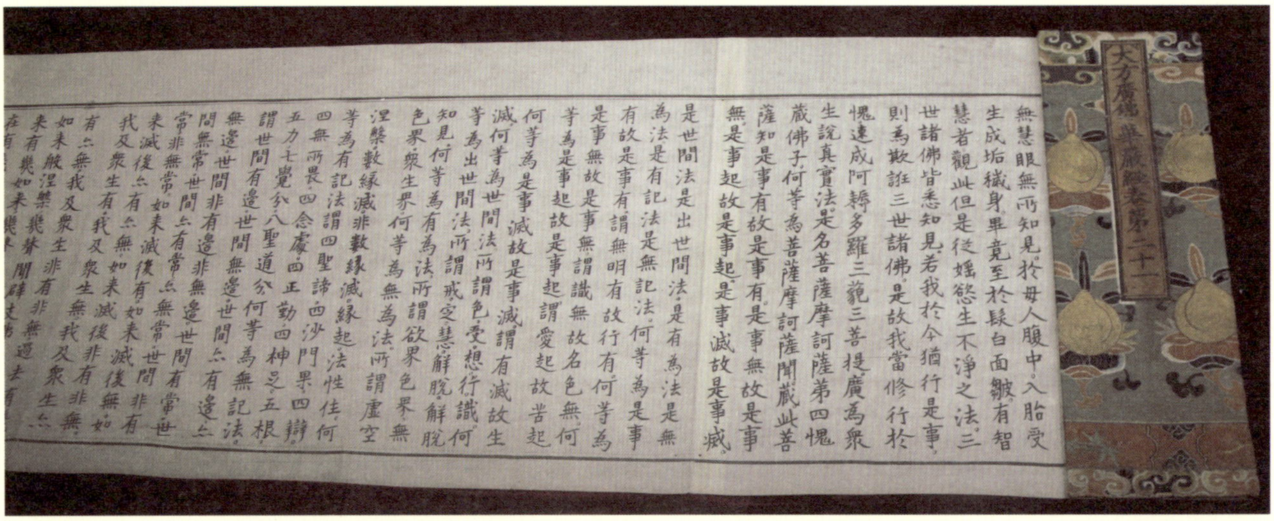

● **纸经**（拍摄于2016年4月）

释子祖慧刺舌尖血书写经书手绘图

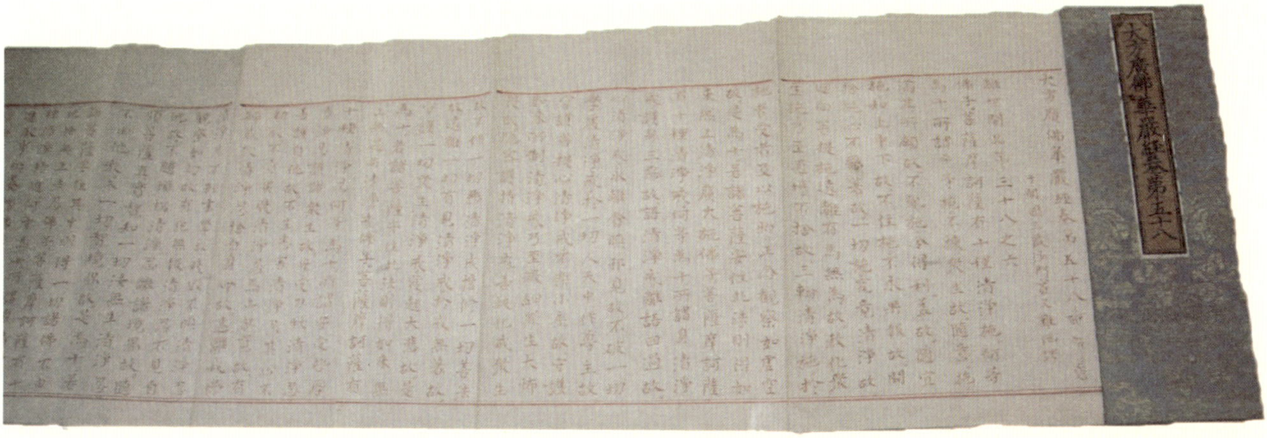

释子祖慧刺舌血书写的舌血佛经（拍摄于2016年4月）

● **木经版**（拍摄于2016年4月）

1989年11月至1991年1月27日，北京市文物局将存放于智化寺和大兴区韩营仓库的清代木经版分别移交云居寺文物管理处保管，共有经版78238块，总重量约400吨。20世纪90年代，北京市文物局又将存放于云居寺的清代木经版主要部分运往昌平库房，云居寺还留残版7300余块。

此木经版是清代印刷《龙藏》经所用雕板，俗称“木经板”。《龙藏》经始刻于清代雍正十一年（1733年），到乾隆三年（1738年）刻完，全部经版选用上好梨木，工艺精细，形式美观。雕刻的字体工整隽秀，佛像生动传神。木经版阳刻反字，是专供印刷纸经的版本。当时印刷《龙藏》，按经、律、论三藏和杂藏分类，以千字文编号，自“天”字起至“机”字止，共724字，每字一函，每函十册，共印有718函1662部7160卷，共收佛典1675部。是国家馆藏一级文物，为中国木版书之最。

● 木经版（拍摄于2016年4月）

佛事活动

石经回藏大法会

● 云居寺住持净慧法师率僧团步入会场（拍摄于1999年9月）

1999年9月8日16时，举行石经回藏大法会净坛仪式。9月9日 6时30分至8时30分，200多名僧众在云居寺毗卢殿内举行诵经活动，8时50分至9时9分9秒僧众在回藏的石经地宫前作法诵经。9时，由4名文物工作人员将最后一块石经抬入地宫，净慧法师安奉紫檀金经。9时9分9秒，地宫关闭，回藏工程完成。9时9分9秒至10 时30分，在地宫前诵经。

● 石经回藏大法会（拍摄于1999年9月9日）

● 佛事迎请（拍摄于1999年9月9日）

● 住持净慧主持法会（拍摄于1999年9月9日）

● 僧团入场（拍摄于1999年9月9日）

● 佛事活动（一）
（拍摄于1999年9月9日）

● 佛事活动（二）
（拍摄于1999年9月9日）

● 佛事活动（三）
（拍摄于1999年9月9日）

观瞻大典

● 2009年6月23日，佛舍利观瞻大典仪式

2009年6月23日，举办佛舍利观瞻大典。在6名特护人员护卫下，佛舍利从首都博物馆的文物地库中取出，运达云居寺。7月2日，观瞻大典结束后，佛舍利回归首都博物馆文物地库。

● 迎请佛舍利（拍摄于2009年）

● 佛舍利入寺（拍摄于2009年）

● 供奉佛舍利（拍摄于2009年）

● 诵经（拍摄于2009年）

● 观瞻佛舍利（拍摄于2009年）

● 送回佛舍利（拍摄于2009年）

浴佛节

● **住持入殿**（拍摄于2012年5月）

云居寺浴佛节为每年四月初八，起于何时无考，辽代达到顶峰。云居寺浴佛节庆典煊隆，百姓不远百里趋至，动辄万人众。日本侵华期间，云居寺多次遭日军飞机轰炸，浴佛法会无法正常举办。

1988年，云居寺恢复浴佛节活动。此后，云居寺年年举办浴佛节活动。

● **信众入殿**（拍摄于2012年5月）

● 浴佛节颂福（拍摄于2012年5月）

● 浴佛节祈福（拍摄于2012年5月）

舍粥节

● **舍粥节**（拍摄于2012年）

云居寺每年的腊八当天举办腊八舍粥活动，至今完好保存着北京地区最大的紫铜制“千人舍粥锅”。腊八舍粥活动在云居寺天王殿外举行，设置舍粥棚，备好桌椅，除舍“吉祥宝粥”外，云居寺毗卢殿内还按照佛教仪式举行佛事活动。

● **舍粥节仪式**（拍摄于2012年）

● **信众入寺**（拍摄于2012年）

大铜锅存于毗卢殿北侧，为“千人舍粥锅”，青铜质地，口径2米，深1.34米，重1.38吨，锅口铭文“大清乾隆十一年孟夏吉日诚造”。锅底部均匀分布凹槽，用于沉淀粥里沙粒。云居寺香火鼎盛时期，每逢庙会之际，京、津、冀、鲁等地的信众远道朝拜，云居寺僧人用大铜锅煮粥向四方信众舍粥。

铜锅（拍摄于2012年）

● 熬粥（拍摄于2012年）

● 端粥（拍摄于2012年）

● 吃粥（拍摄于2012年）

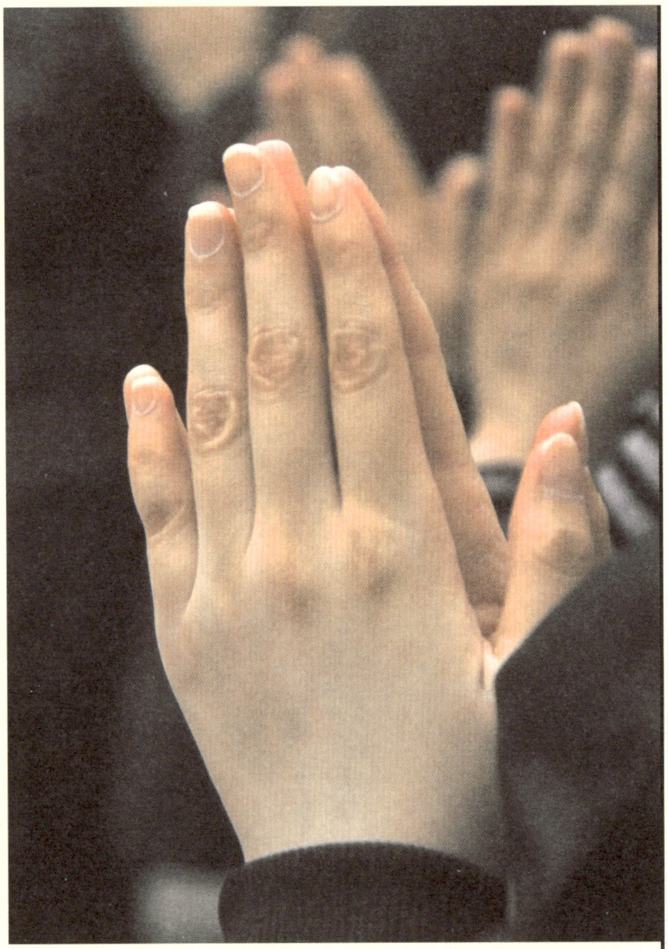

放生

● **放生仪式**（拍摄于2012年）

放生（拍摄于2012年）

后　记

按照北京市地方志编委会关于第二轮修志的工作部署，房山区史志办和房山云居寺文物管理处共同启动了《北京志·云居寺志》的编纂工作。在志书编纂过程中，从房山档案馆、首都图书馆、北京市文物局、国家文物局、国家图书馆、中央档案馆、河北省涿州市文研所、河北省文物局等地征集了有关云居寺的大量文字、照片资料，为充分开发利用这些资源，2015年2月，房山区史志办与房山云居寺文物管理处启动了《房山云居寺画册》编辑工作。一年多来，编辑部人员多次召开编纂工作会，不断完善画册的框架和内容，数易其稿，在房山石经刊刻与云居寺创建1400周年之际，我们编辑完成了《房山云居寺画册》。我们透过一张张照片，回顾云居寺的沧桑历史，陈云居寺传奇丰采，突出石经独有之貌和寺院佛教圣地之容，通过此画册可全方位，多角度地了解云居寺的历史与现状。

编辑过程中，房山云居寺文物管理处和房山区史志办公室人员专门为此画册拍摄了大量的照片，并得到社会各界的大力支持，在此表示深深感谢！由于时间匆忙，加之编者水平有限，一定存在着遗漏、缺点和不足，敬请广大读者给予批评指正。

《房山云居寺画册》编辑部

2016年5月1日

图书在版编目（CIP）数据

房山云居寺画册 / 房山区史志办公室，云居寺文物管理处编. -- 北京 ：方志出版社，2016. 1
ISBN 978-7-5144-1929-0

Ⅰ. ①房… Ⅱ. ①房… ②云… Ⅲ. ①佛教—寺庙—房山区—图集Ⅳ. ①B947.21-64

中国版本图书馆CIP数据核字（2016）第 027175 号

房山云居寺画册

编　　者：房山区史志办公室　云居寺文物管理处
责任编辑：刘方圆
出 版 人：冀祥德
出 版 者：方志出版社
地址　北京市朝阳区潘家园东里9号（国家方志馆4层）
邮编　100021
网址　http://www.fzph.org
发　　行：方志出版社发行中心
电话（010）67110500
经　　销：各地新华书店
印　　刷：廊坊飞腾印刷包装有限公司
开　　本：787×1092　1/8
印　　张：35.5
字　　数：400 千字
版　　次：2016 年 1 月第 1 版　2016 年 1 月第 1 次印刷
印　　数：0001～2000册

ISBN 978-7-5144-1929-0　定价：38.00元